# 朱元璋——逐鹿天下

## 元末亂世雄主崛起
# 定鼎江山
# 創帝業

飄雪樓主 著

元朝末年，朝廷腐敗如斯
天災人禍接踵而來，百姓處於水深火熱之中
出身窮農之家的朱元璋毅然加入義軍的革命潮流

從小兵做起，忍常人不能忍！
娶馬皇后為妻，長期掛靠在小明王的帳下
三顧茅廬請劉基出山，天下謀士盡入他殼中——

# 目 錄

# 第七章　終於有了自己的地盤

# 第八章　拓出豔陽天

# 第九章　我和集慶有個約會

# 第一章

# 苦難少年不言愁

# ▍神奇的誕生

時間定格在元朝天順帝天曆元年九月十八日未時（西元 1328 年 10 月 21 日），這是個「秋風秋雨愁煞人」的季節。

濠州鍾離縣東鄉，一間破陋的房屋前燈火通明，農夫朱五四一改往日的閒然淡定，雙手背在身後，正在自家的小雜院前來回踱著步，眼睛時不時望向天邊那一輪明月。

是啊，今晚的月亮似乎特別亮堂些，銀白色的月光靜靜地、柔柔地、甜甜地、密密地照射下來，簡陋的小院顯得光怪陸離，更加幽靜。朱五四沒有心情去吟唱「今晚的月亮真圓」之類的詩句，而是唸唸有詞地祈求道：「別人都希望生子當如孫仲謀，生女當如花木蘭，我只是希望夫人吉人天相，母子平安、健康就足矣。」

的確，今天是朱五四的「生日」——第六個孩子的誕生日，對於「貧困」家庭的戶主朱五四來說，他已是五個孩子的父親了（三兒兩女），因此，生兒生女都可以「接受」。其實朱五四原本是不打算發展成「超生游擊隊」的，但他父親朱初一臨終前的一句「多子多福，養兒防老」改變了這一切。

朱初一之所以這樣期待兒孫多，其實是有原因的。朱家的祖籍在江蘇沛縣，沛縣是個大家耳熟能詳的地方，因為這裡出了個漢朝開國皇帝劉邦。但朱家顯然沒有沾上「靈氣」，而是世代為農民。因此，朱初一總想用自己的雙手改變生活。沒過多久，他加入了沛縣一帶最早「下海」的先行者行列。魯迅先生曾稱讚：「第一次吃螃蟹的人是很可佩服的，不是

勇士誰敢去吃它呢？」但第一個吃螃蟹的人風險也很大，因為第一個吃螃蟹的人要麼是最得益，要麼就是最受傷。朱初一顯然屬於後者。元朝政權對朱初一這些下海的淘金戶採取的政策是改革，但不開放 —— 收取大量的賦稅。

按理說納稅光榮，逃稅可恥。然而，問題是當時朱初一等人之所以選擇淘金，完全是為了改變生活和命運。當時的技術和設備都不先進，因此，儘管他們傾盡了全力去淘，但除了淘到沙子外，並沒有淘到一粒金子。沙子不值錢，根本不夠塞稅賦的牙縫。無奈之下的朱初一只好拿糧食換錢，再到產金子的地方去買金子，然後繳納稅賦。這樣虧本的生意注定不能長久，到後來朱初一實在買不起金子，只好宣布「破產」，並且選擇了落荒而逃。這一逃便逃到了盱眙，在那裡靠墾荒度日。墾荒靠的是人力，因此，朱初一認為人多力量大，多子多福嘛！

天有不測風雲，人有旦夕禍福。正在朱家自力更生，生活有所起色時，作為一家之主的朱初一卻來了個突然病逝。家裡的棟梁倒了，此時的朱五四為了生存，又踏上父輩離鄉背井的老路，舉家遷到了靈壁，成了一個生活在社會最底層的佃農。然而，朱家逃荒的腳步並沒有停止在靈壁。此後朱五四又拖家帶口地到處流浪，又遷到虹縣，最後移居到了鍾離的東鄉。

此時的朱五四已經四十九歲，是「奔五」的人，但他人窮志不短，就為父親的一句話，他決心將生育進行到底。

萬般思緒，千般思量，百般思情，此時來回踱步的朱五四回想起自己一生走過來的風風雨雨，那些艱辛困苦，都化為了永不磨滅的記憶。朱五四感慨萬千，唏噓不已。

就在此時，一陣嘈雜的腳步聲打亂了他的思緒。「生了嗎？」朱五四

心裡咯噔了一下，回過神來再看時，只見破爛的院門口擁入了許多父老鄉親，他們個個手提水桶、木棒等物，表情嚴峻，神色慌張。

「你們這是幹麼？賀喜也不用提這些打狗棒之類的東西，要提也是雞蛋、糖果啊！」朱五四難得調侃一回，說著自己倒是先咯咯地笑了。

眾人哭笑不得，氣喘吁吁道地：「救火如救場，你還有心思在這裡說笑，趕緊抱著你的老婆孩子走啊！」

「救火？」朱五四丈二和尚 —— 摸不著頭緒。

「是啊，剛剛我們看到你家屋頂火光沖天，就知道肯定是你家的茅草屋著火了。」眾人說著，眼睛上上下下、左左右右、前前後後地打量了朱家一番後，表情由驚慌變成了驚訝，再由驚訝變成了驚恐，心裡都納悶道：「剛剛明明看見火光沖天，怎麼進來了朱家上下卻完好無損呢？」他們不由得面面相覷，不知何故。

「唬弄人也不能用這個法子啊！」朱五四正說著，屋內突然傳出一陣嘹亮的嬰兒啼哭聲。朱五四聞聲大喜，趕緊往屋裡走，剛到門口，接生的王二婆便抱出了一個白白胖胖的嬰兒，她滿臉堆笑道：「恭喜朱爺，賀喜朱爺，你們家又添了一位男丁，多子多福，多子多孫啊！」

「哦，我看看，長得像我還是像他媽？」朱五四抱著襁褓中的嬰兒又親又哨，良久，才喃喃道地：「給這個兒子取個什麼名字好呢？尾上結大瓜，說不定這個兒子將來能飛黃騰達呢？」

「按照你家的優良傳統，還用想嗎？地球人都知道他該叫什麼名字了！」此時，「救火英雄們」齊聲道：「朱重八！」

對此朱五四顯然頗為尷尬，又是抓耳，又是撓腮，最後才傻笑道：「知我者，莫過於父老鄉親也。」

原來，在當時身為最底層、最基層的平民百姓是沒有姓名權的，屬於典型的「有姓無名」人員，如果非要給他們取「名字」，也只能算是「乳名」，而且通常是用行輩或出生日期，或父母年齡合算一個數目作為乳名。朱五四的哥哥朱五一的四個兒子分別叫重一、重二、重三和重五，朱五四前三個兒子分別叫重四、重六、重七，這第四個兒子排行第八，眾人自然可以猜到叫重八了。

　　讓我們記住這一天吧，元朝天順帝天曆元年九月十八日未時（西元 1328 年 10 月 21 日）。讓我們記住朱重八這個名字吧，因為這個朱重八就是日後趕走了蒙古人、建立明朝的開國皇帝朱元璋。

# 故事裡的事

老百姓有句俗語：「皇帝愛長子，百姓愛么兒。」因此，朱重八的母親陳二娘自從這個孩子出生後便疼愛有加，原因是，陳二娘認為這個兒子是個「不一般」的兒子。因為她在剛懷孕時，曾經做了個夢，夢中有一個神仙給了她一粒仙藥，放在手中閃閃發光，於是她就吃了下去，而且從夢中驚醒後，仍然覺得餘香滿口。接著，陳二娘就懷孕了。就是這樣一個模稜兩可的夢，和這樣一場意外懷孕，成就了一段傳奇。

於是乎，陳二娘想把朱重八培養成才，可是因為朱家窮，供不起朱重八去私塾讀書，陳二娘只能自己充當「老師」了。她在教朱重八讀書識字的同時，還充分發揮自身優勢，言傳身教地講一些「勵志」故事給他聽。

給小朱重八留下最深刻印象的莫過於陳二娘講的「外祖父抗元」的故事。

「當時蒙古人很是野蠻囂張，很快讓鐵騎踏向了宋朝，因為宋朝無能，很快被攻占了都城臨安。宋恭帝無奈之下，只能選擇了投降。然而，我中原漢人是有骨氣的，宋朝的文武大臣大多選擇了寧死不屈。國不可一日無君，否則就是一盤散沙。當時的大將張世傑、陸秀夫、陳宜中等人便選擇了在福州擁立益王趙昰當皇帝，繼續和元朝對抗……然而，當時趙昰只有九歲，朝中的權力自然落到張世傑、陸秀夫、陳宜中三人手裡。其中陳宜中心胸狹窄，好高談闊論，無實際政治才幹，又不負責任，流亡小朝廷的活動範圍越來越小。於是他們開始把逃入海外作

為策略目標。當時是想逃到占城國，派陳宜中親自到占城國去聯繫，但陳宜中一去不復返⋯⋯關鍵時刻，文天祥挺身而出，出任了丞相，撐起了這個風雨飄搖的政權。然而，蒙古人步步推進，文天祥雖然步步為營，寸步不讓，但手臂擰不過大腿，最終兵敗被俘。當時元朝皇帝忽必烈並沒有馬上處死文天祥，他很是愛惜文天祥這樣的人才，親自對他進行了勸降。然而，文天祥回答他的卻是一首詩⋯⋯」

「然而，」朱重八也學來了母親的口頭禪，從陳二娘的懷抱中探出小小的腦袋來，問道，「這是一首什麼樣的詩呢？」

「辛苦遭逢起一經，干戈寥落四周星。山河破碎風飄絮，身世浮沉雨打萍。惶恐灘頭說惶恐，零丁洋裡嘆零丁。人生自古誰無死，留取丹心照汗青。」

「然而，後來呢？」朱重八再問。

「然而，後來文天祥就死了。」

「然而，再後來呢？」

「然而，再後來趙昰也死了，忠心耿耿的張世傑和陸秀夫又擁立趙昰的弟弟趙昺為皇帝。退守到了廣東新會以南臨海的崖山，可謂到了絕路。然而，蒙古韃子並沒有放棄對宋軍殘餘勢力的趕盡殺絕，大部隊很快就追到了海上。張世傑和陸秀夫便在海上和元軍展開了一場生死大搏鬥，結果最終勝利者還是蒙古人。陸秀夫眼看大勢已去，為了不讓小皇帝受辱，選擇了和小皇帝一起投海自盡。只剩下張世傑帶著數十人衝出了重圍，準備捲土重來，匡復大宋江山。然而，天有不測之風雲，在逃亡過程中，張世傑遇到了七級颱風，船被掀翻，一代英雄就此葬身海底。幸運的是，有一個人卻得救了。這個人抱著一塊床板，成功地漂回

了岸邊，眼看宋軍幾乎消亡殆盡，心灰意冷的他選擇了歸隱山林，回自己的老家去了……」

「然而，這個人了不起，經歷過這麼多大風大浪，還能生存下來。」朱重八睜著一雙小眼，好奇地說。

「他是英雄，但淪為了平民。造化弄人，他後來雖然活著，卻一直在懊惱和悲傷中度過餘生。」

「那這個人是誰？隱藏到哪裡去了呢？」

陳二娘定定地看著朱重八，然後又抬頭看著一望無垠的天際發呆。良久，她才回過頭，眼角突然滾落一滴晶瑩的淚珠。就在朱重八驚愕的時候，陳二娘說：「這個人遠在天邊近在眼前，他就是你的外祖父。」

「啊……」故事的發展顯然出乎朱重八的意料，他不由得驚叫出來。

「可惜你外祖父回到家鄉後，一直鬱鬱寡歡，很快便追隨先帝去了……」陳二娘正說著，朱重八突然大哭起來：「怎麼會這樣？怎麼會這樣？可惡的韃子，可恨的韃子……」說著撒腿跑開了。

這天晚上，朱重八沒有回來，陳二娘快急瘋了。朱五四發動全村人去找朱重八，但一無所獲。直到第二天晌午時分，蓬頭垢面的朱重八才回來。陳二娘悲喜交加，對他噓寒問暖。朱五四二話不說，舉起巴掌便要打，朱重八連忙招供了他昨晚夜宿外祖父墓地的事實。朱五四一聽，舉在半空中的手突然停住了：一個只有八九歲的孩子居然敢夜宿墓地，這需要怎樣的膽量和勇氣呢？

從此，朱五四對朱重八另眼相看，常常教他一些三腳貓的拳腳功夫。而陳二娘卻心有餘悸，不再給他講故事，特別是外祖父抗元的那些事兒。然而，朱重八卻似乎對故事情有獨鍾，天天磨著讓她講。沒辦法，陳

二娘只好發揮自己的另一特長，經常編唱一些當地的花鼓戲給兒子聽。

「鑼鼓一開啟了腔，十八歲大姐九歲郎。小郎夜裡尿了床嘛，飄洋過海水汪汪，大姑娘給丈夫一巴掌……」

然而，她很快就發現，朱重八根本就不是學鳳陽花鼓的料，他的心思整天都在故事上。一聽要唱花鼓戲，朱重八往往以百米衝刺的速度拔腿就跑，然後又是一整天不見人影，直到傍晚，「人來瘋」的他才回來。

然而，儘管朱重八好動，但因為營養不良，從小體質就很弱，瘦得皮包骨頭，經常患病，常常「頭暈腦漲」。

因此，朱重八的童年是不幸的。

陳二娘眼看自己教不出什麼新花樣，送朱重八上學又沒有錢，於是一個大膽的想法油然而生。這天夜裡，她跟朱五四商量。哪知朱五四一聽，對她怒道：「你瘋了！」

原來陳二娘的主意竟然是送朱重八到附近的皇覺寺去「避災」。

「我沒瘋。」隨後陳二娘進行了解釋，她說現在世道這樣，朱重八餓得跟皮包骨似的，只有觀音菩薩才能救他一命，保佑他平平安安地活下去。皇覺寺的高彬住持是個慈悲為懷的人，一定會收留重八的。

# 放牛娃屁股上的那一道傷

　　朱五四是不是妻管嚴我不知道，也沒必要去調查，但從此只有十歲的朱重八離開父母，來到了皇覺寺。當然，皇覺寺的高彬住持並沒教他念佛，而是教他一些習武之道。然而，朱重八只在皇覺寺待了不到一年，便重歸紅塵。原因是，朱家因為生計的需求，再次舉家搬遷到了西鄉。而朱五四覺得讓朱重八待在小小的皇覺寺終究不是長久之計，於是乎，臨走時帶上了朱重八。

　　到了西鄉，朱重八很快產生了憤世嫉俗的叛逆心理，由「宅男」變成了「暴走男」，經常糾集一大群頑童在他身邊玩耍，豎煙囪（倒立）、翻筋斗、捉蟋蟀、劃拳、打架、偷東西吃……無所不為。

　　眼看這樣鬧下去，實在不成樣子，朱五四咬咬牙，便讓朱重八去地主家做工，朱重八從此失去了「自由」之身，開始了長達數年的放牛生涯。

　　偏朱重八放牛的老闆叫劉德。劉德是當地響噹噹的地主，地多得密密麻麻，錢多得密密麻麻，因此，給他打工的也密密麻麻。朱重八最開始不樂意，畢竟，過慣了偷雞摸狗、放蕩不羈的日子，再來過受人管束、受人指派的生活，是很難接受的。然而，他轉念一想，又釋然了，因為有徐達、湯和、周德興等人在，也就不寂寞了。

　　物以類聚，人以群分。徐達、湯和、周德興和朱重八年紀相仿，都是給劉德打童工的放牛娃，因此，他們很快便成了親密無間的夥伴。放牛的生活雖然枯燥，但因為有他們在，就變得豐富多彩了。朱重八和放

牛的小夥伴協商好，每天把牛趕到北山坡上，任牛兒自個兒吃草，他們好聚在一起玩耍。

夥伴中數朱重八最會出主意，大夥兒也都聽他的話。這一天，朱重八突然提出裝扮皇帝上朝玩，大傢伙兒來勁兒了。他用青草搓繩拴住水車的破輻板，當作皇帝的帽子，又把一些輻板劈成兩半，作為大臣的笏板，分給小夥伴每人一塊。然後，他戴上皇帝的帽子，端坐在高大的石臺上，叫小夥伴們手拿笏板，一個一個地向他三跪九叩頭，高呼萬歲。因此，放牛的生活雖然貧困清苦，但也充滿了窮人那份獨有的「自得其樂」。

然而，他們的快樂很快就被殘酷的現實消磨殆盡了。地主劉德雖然很富，卻是個「吝嗇鬼」，對他們非常苛刻，牛沒放好，或是吃了別人家的菜，不但要挨打，還要挨餓，一天都不給飯吃。如果你爭辯幾句，劉德便會怒吼道：「貓無晚飯，狗無中飯，小放牛仔沒早飯。」

朱重八為此沒少挨罰。一次，朱重八在放牛過程中「開小差」，被突然來查崗的劉德逮了個正著，為了「樹立典型，以儆效尤」，這次劉德當眾對朱重八進行了處罰 —— 打屁股。結果可想而知，朱重八的屁股被打爛了，好幾天都下不了床。

劉德的板子打在朱重八的屁股上，也打在他的心裡。他已深深地埋下了這顆仇恨的種子，經常在私下裡咒罵。據說，此後朱重八明顯消沉了許多，臉上的笑容少了，多了一份滄桑氣息，在放牛時，常常傻傻地看著自由自在、無拘無束吃著草兒的牛兒發呆。徐達等人見他這般「少年便識愁滋味」，一點兒也不像他的風格，很是納悶。

徐達：「你在幹什麼？」

朱重八：「等。」

徐達：「等什麼？」

朱重八：「我正在等著月圓十五，我的父親會來這裡接我。」

徐達：「但是今天不是月圓十五。」

朱重八：「今天是十幾？」

徐達：「我不知道。」

朱重八：「我知道，我們每天都要被處罰、挨餓。」

徐達：「你看見罪惡無處不在。」

朱重八：「這裡？」

徐達：「是的。」

朱重八：「我想走。」

徐達：「我也想走。」

朱重八：「等等！」

徐達：「等什麼？」

朱重八：「等我的男中音，我現在想向著全世界吶喊，可誰又會聽到呢？沒人知道我的存在……」

為了證明自己的存在，朱重八在徐達、湯和等人的配合下，很快上演了一場「殺犢訛主」的精彩故事。

# 殺犢訛主為哪般

如果只用一個詞來形容朱重八的童年，那就是「飢餓」。

飢餓早已銘刻在朱重八的記憶深處，剛生下來時母親便沒有充足的奶水，稍大後又沒有足夠的口糧，即使吃到肚中的，也是些粗糙或稀釋的食物。他的食慾一直處於沒有得到滿足的壓抑狀態，他做夢都想著能夠飽飽地吃上一頓美味佳餚。皇覺寺的一年，他天天吃素，沒沾過葷腥。放牛時，給別人打工，吃的也是最下等的，因此，能飽吃一頓是朱重八此時最大的願望和夢想。

飢餓、斥罵、毒打、壓抑……劉德的無德讓磨難與羞辱如長長的皮鞭呼嘯著一下一下抽打著朱重八那幼小的心靈，他以一副睥睨的眼光打量著這個災難深重的世界，忍受著、等待著、積聚著，幻想著有朝一日進行瘋狂而快意的報復。

這天，朱重八又提出玩扮皇帝的遊戲，大夥見朱重八自從上次被劉德重打之後，第一次「復出」，都很高興，自然相當配合。因此，這一次的遊戲做得比以往更來勁、更來神、更出彩。玩過幾輪遊戲後，太陽偏西，孩子們突然都停止了笑聲，原因是肚子早餓得咕咕叫，在鬧革命了。

「要是能有一碗白米飯吃就好了。」

「我好想吃幾塊肉解解饞才快活哩！」

「肚子都填不飽，還想吃肉？」

「異想天開！」

「痴人說夢！」

眾人你一句我一句，早已鬧將開來。唯獨朱重八保持著「皇帝」的莊嚴坐姿，一言不發，面無表情，似乎遺世獨立，又似乎早已胸有成竹。

湯和調皮些，見狀，突然對朱重八跪拜道：「請皇上開恩，賜我等食物，以解飢餓之苦。」眾小孩見有趣可尋，紛紛附和著湯和跪下。

面對眾人的「逼宮」，按理說朱重八應該很尷尬才對，然而，此時的他還是面無表情，半晌，才淡淡道地：「眾愛卿平身吧，要吃東西這又有何難？」說著站起身來，指著自己看管的一頭小花牛，高聲喊道：「今天皇帝請客，殺牛吃，大宴群臣……」

大夥一聽殺牛吃，勁頭來了，團團地圍住小花牛，扳頭的扳頭，扳腿的扳腿，拽尾巴的拽尾巴，把它摞倒在地上按著。朱重八隨手拿起砍柴刀，向牛頸戳去。

本來大夥只當是鬧著玩的，當朱重八手中的刀深深地刺入牛頸裡，小花牛脖子血水四濺，染紅了一大片山石時，他們這才像是突然明白了什麼似的，當下便驚住了，任憑牛血噴到了臉和身上也不去擦。

「眾愛卿還愣著幹什麼？分工幹活啊！徐達，負責把風；湯和，負責拾柴火；周德興，負責燒火，其餘的負責剝牛皮。」說著，朱重八在山坡千層石上鑿起坑來。

大夥見狀，驚恐早就被拋在九霄雲外去了，各司其職地幹起來。牛皮剝好時，朱重八鑿的坑也好了，於是，他把坑當鍋，然後點火烀起牛肉來。沒要多長時間，牛肉烀爛了，大夥圍著「鍋臺」，一個個津津有味地吃起來。

「真香，真好吃！啊……哎喲……」湯和最性急，撈起一塊滾燙的牛肉就往嘴裡送，被燙得哭爹喊娘。

「此物當真只應天上有、人間無啊！」周德興畢竟讀過一段時間書，說起話來也帶點秀才味，惹得眾人直叫「酸」。

「娘的，活了大半輩子，第一次開葷，爽啊！」湯和模仿大人的口氣說話，贏得了大家的一片笑聲。

就這樣，在大夥的說說笑笑中，一鍋肉很快就吃完了。此時，天也黑了，該回家了。突然湯和發出殺豬般的叫聲來：「哎喲！」

「又怎麼啦？一驚一乍的。」朱重八皺著眉頭問。

「小花牛沒有了，你回去怎麼交差？」湯和弱弱地來了這麼一句。一語驚醒夢中人，眾人這才醒悟過來，一起道：「是啊，這下闖大禍了。」

朱重八卻一副若無其事的樣子，抹抹油手說：「不用怕，我有辦法。」說著對小夥伴們嘀咕了一陣。小夥伴們都搖搖頭，知道這樣的辦法只能算是自欺欺人，肯定騙不了地主劉德。然而，除了這個餿主意，他們又想不出別的好辦法，只好聽從朱重八的安排。於是乎，大家一齊動手，埋好牛皮、牛骨頭後，把牛尾巴塞進了大山石一端的裂縫中。

辦完這一切，徐達打趣道：「小牛鑽山洞，尾巴在外。」朱重八是聰明人，自然知道「丟」了小牛娃，是要挨劉德打罵的，但依然裝著沒有事一樣，一邊拍打著手上的灰塵，一邊風趣地接著說道：「老爺打重八，腦殼當先。」說完大家哈哈大笑起來，然後各自趕著牛往回走。接下來就看朱重八的演技如何了。

「不好了，我剛趕牛回來的時候，一頭小牛犢自己鑽進山上的岩縫裡了，只留在外邊一條尾巴，我們怎麼拉，它都不出來。」朱重八回去，假裝氣喘吁吁地對劉德說。

「哦，天下竟有這樣的怪事？」劉德一聽來了精神，心想，想唬弄

我，就憑你這毛頭小子，沒門！於是，他馬上帶了幾個家丁，舉著火把，去看個究竟。

朱重八帶著劉德來到插了牛尾的岩縫前，劉德藉著火把一看，果然有條小牛尾巴露在石縫外面，那尾巴的毛色正是他家小花牛的。劉德二話不說，馬上叫家丁上前去拉牛尾巴。接下來是見證奇蹟的時候了。這邊朱重八嘴裡唸唸有詞，那邊幾個人每拉一次牛尾，岩縫裡就會傳出哞的一聲牛叫，而牛卻始終不出來。「我不騙你吧，你親眼見到了。」朱重八不失時機地說。

按理說這樣荒謬的事，劉德肯定不會相信，但事實擺在眼前，他也只能無奈地下結論了：小牛真的鑽進了岩縫。

當然，如果你認為朱重八和夥伴們白白吃了一頓「免費的午餐」，還成功逃過了一劫，那就大錯特錯了。劉德不是那麼容易被唬弄的，他會很快找機會炒了朱重八的魷魚。

這一年是元順帝至正四年（西元 1344 年），朱重八十六歲。據說，朱重八走出劉德家大門時，臉上沒有悲傷，而是露出了如釋重負的笑容。

第二章

山雨欲來風滿樓

# 天災人禍

　　朱重八的憧憬是陽光的、美好的，然而，現實卻是殘酷無情的。就在朱重八失業的這一年，老天開始震怒了，於是天災人禍接踵而來。

　　首先襲來的是旱災。這一年春天剛過，江淮以北接連幾個月沒有下過一滴雨，結果是江河湖泊斷流，坑塘河溝乾涸，田地裡的莊稼都像霜打的茄子──蔫了。這樣下去的結果可想而知，到時候會顆粒無收啊！民以食為天，莊稼不能活，就沒有吃的，沒有吃的就會餓死。當時又沒有救濟糧和救災款。於是乎，天下百姓只有華山一條道可走了──祈禱、祈求、祈告。目的只有兩個字──「下雨」。

　　這項「三祈」工作還真「靈驗」，很快老天又發威了。不過不是廣灑甘露，而是放來了鋪天蓋地的蝗蟲。突如其來的蝗蟲啃噬過後，莊稼連根被蠶食殆盡，百姓最後的希望也就此落空。

　　天下無收，飢餓已是必然。百姓只得做好勒緊褲帶過日子的準備了。然而，老天還在繼續發威，接下來上演的是令人聞風色變的瘟疫。百姓既要抗旱，又要滅蝗，已經忙得不亦樂乎，瘟疫的到來，徹底摧毀了他們的意志。旱災、蝗災與瘟疫就像三座大山。死亡，已是必然；活著，實屬奇蹟。

　　天有不測風雲，人有旦夕禍福。朱重八的家鄉濠州沒能倖免於難，朱重八的家人也沒能倖免於難。噩夢就這樣開始了。首先，朱重八的父親朱五四感染上了瘟疫，當時朱家家徒四壁、一貧如洗，連溫飽問題都解決不了，哪裡有多餘的錢去看醫治病，於是，朱五四很快就撒手人

寰。隨後，朱重八的大哥朱重四也喪命於此。最後，朱重八的母親陳二娘也暴病身亡了。短短的半個月光景，朱重八遭遇了人生最慘痛的打擊。此時，他的大姐、二姐早已嫁人，三哥朱重七給人家做了上門女婿，家裡就只剩下他和二哥朱重六兩人了。哥兒倆窮得沒有半分銀子，除了勉強保住自身的性命外，對親人的去世無可奈何，只有抱頭痛哭。

生，事之以禮，從之以禮；死，葬之以禮，祭之以禮。朱氏兄弟唯一的願望就是安葬好親人的屍骨，讓親人的靈魂能在地底下得到安息。然而，很快朱氏兄弟就悲哀地發現，這也是一種奢侈。想購置棺木，兩個字 ──「沒錢」，想找個安葬的墳地，兩個字 ──「沒地」。

男兒膝下有黃金，只跪蒼天和娘親，面對突來的天災人禍，朱重八最終決定低下高昂的頭顱，去哀求劉德發發慈悲，為他的親人施捨一塊小小的安葬之地。哪知，劉德一見朱重八來了，很快就來了個先發制人：「都說好馬不吃回頭草，你還想來當牛做馬嗎？」朱重八囁嚅道：「不是……我，我……是……」劉德怒道：「是什麼，我這裡不歡迎你，還不快滾！」

朱重八果然滾了，只是他的眼中再也見不到悲傷。哀莫大於心死，他此時的心已死，早已無所謂悲傷，也無所謂痛苦了。

朱重八的遭遇，被他的鄉居劉繼祖看在眼裡，為人謙和仁慈的他不由得動了惻隱之心，主動向朱重八提出，可以讓他的親人葬在劉家地裡。

就這樣，終於找到了墳地，朱氏兄弟找了幾件破衣爛衫，裹了親人屍體，抬到墳地草草埋葬。「殯無棺槨，被體惡裳，浮掩三尺，奠何餚漿。」這是怎樣的一種悲涼和悽慘。

值得一提的是，後來朱重八當上皇帝後，念念不忘劉繼祖的「贈地」恩德，特地追贈他為義惠侯、其妻婁氏為義惠侯夫人，當真是好人有好報，這是後話。

# 亂世的生存之道

掩埋了家人，朱重八的二哥朱重六決定遠走他鄉。原因是與其在家裡等死，不如流浪到外面去謀生。臨行時，朱重八忍住悲傷，送了二哥一程又一程，似乎這一別就是永恆。終於，朱重六轉過身來，擺了擺手，對朱重八說：「重八，你在家裡一定好好地活著，一定要活著，一定要等我回來。」

「嗯！」朱重八的頭點得像雞啄米。然而，當朱重六的身影完完全全消失在他的視野裡時，朱重八的眼淚再也忍不住了，如斷了線的珠子般掉了下來。

男兒有淚不輕彈，只因未到傷心處。此時此地、此情此景，朱重八怎麼能不傷心呢？家人死的死、走的走，就剩下他一個人了，他又該何去何從呢？

就在朱重八迷惘、困惑、傷感、無助時，隔壁的汪大娘出現了。她對朱元璋說：「你父母在世的時候，曾經囑咐我，要是他們死了，讓我再把你送到皇覺寺裡去。」

「你父母說，你這條命是皇覺寺給的，當年你體弱多病，幸虧到了皇覺寺才得以保全性命。讓你去皇覺寺，一來還願，二來可以躲避戰亂，暫時找個安身之地。你現在還小，獨自去逃荒的話，路上難免會遇到危險，不如在寺廟裡暫避風險，等你長大了以後，一切都會好起來的！」

這就是父母的遺言啊，朱重八終於停止了哭泣。是啊，父母走時，放心不下的終究還是他。雖然不能留給他任何與物質有關的東西，卻為他指明了一條大道—亂世的生存之道。

至正四年（西元 1344 年）九月十九日，是大慈大悲救苦救難觀世音菩薩的涅槃日，也是朱元璋過完十七歲生日的第二天，朱重八在汪大娘的陪同下，來到了皇覺寺。

皇覺寺坐落在鍾離縣太平鄉東十四里。廟不是很大，但院子裡松柏蒼翠，紅磚青瓦，一塵不染。透著莊嚴、肅穆，更透著神祕。廟門有一副楹聯，寫的是「暮鼓晨鐘，驚醒世間名利客；經聲佛號，喚回苦海夢中人」。

寺裡的高彬住持似乎知道他們會來，早已站在門口等候多時了。見了風塵僕僕而來的朱重八，高彬說：「當和尚很辛苦的，你願意在這裡出家，青燈為伴，寂寞為眠嗎？」

朱重八回答得很實際：「當和尚有飯吃嗎？」

高彬被他的話逗笑了，望著朱重八良久，才嘆道：「你去的時候，我就知道你會再來的。」說完領著朱元璋進了寺廟。

六年前，朱元璋是來當學童，這一次卻是來當行童。所謂行童，就是供寺院役使的小和尚。人常說：「百年三萬六千日，不及僧家半日閒。」但朱重八是個例外，他是個「苦行僧」，寺裡端茶倒水、洗衣做飯、劈柴掃地、點燭上香、值班報點都是他的分內事，而其他和尚的呼之即來揮之即去也是他的「分外事」。無論分內事還是分外事，都屬於朱重八的職責範圍。

南宋人周紫芝在《竹坡詩話》中云：「松園老人謂餘言，東坡倅錢塘時，聰方為行童試經。」可見行童的地位。相對於苦和累，朱重八還得忍受非人的生活。具體表現有二：一是每次幹完活，等他去吃飯時，卻發現別的和尚早已吃過了，留給他的只是殘羹剩飯；二是朱重八在幹工

作時，不僅要看長老們的臉色，就連那些普通和尚也對他呼來喚去，如同攆一隻狗一樣。

「朱重八，倒茶水去。」

「朱重八，洗衣服去。」

「朱重八，掃殿堂去。」

「朱重八，點香燭去。」

「朱重八，打鐘擊鼓去。」

「朱重八，劈柴燒火去。」

一天下來，骨頭都像散了架一樣，朱重八拖著疲憊不堪的身體回到僧舍，滿以為可以好好休息了，但哪裡料到，他的工作還要繼續。

「朱重八，來幫我捶捶背。」

「朱重八，來幫我捏捏腿。」

「朱重八，幫我打盆洗腳水來。」

……

都說佛爭一炷香，人爭一口氣。夜已深，朱重八躺在床上卻怎麼也睡不著。是啊，他原本以為到了寺廟裡，即便是苦點兒累點兒，但總比給人放牛好，不用看人臉色，不用毫無尊嚴地活著。然而，到了皇覺寺才悲哀地發現，寺廟也一樣，佛祖面前也一樣沒有平等，這個世道毫無公道可言。

朱元璋不由得迷惘了。

# 叛逆沒商量

朱重八儘管極力隱忍和沉默，但終於還是爆發了。

這天，朱重八來到佛堂大殿內掃地，正心不在焉地掃著，不料被伽藍神像的底座給絆了一下，結果摔了個「狗啃泥」。

朱重八再爬起來的時候，沒有選擇滿地找牙，而是拿起掃帚朝著伽藍神像身上一陣「排山倒海」。他邊打邊罵：「你是佛祖，應該同情我這樣的弱者，連你也欺負我！該打，該打，該往死裡打……」朱重八早就憋了一肚子的氣。他起得比雞還早，幹得比驢還多，而吃得比豬還差、比貓還少，而伽藍神這些泥菩薩供得比天還高，卻不施半點兒恩惠給他，這算什麼大慈大悲的菩薩呢？此時他心中的怒火噴薄欲出，一發不可收拾。

朱重八打得起勁，高彬住持在一旁看得也起勁，他不動聲色地看著這一切，雙眼中露出三分驚駭、七分震怒。眼看朱重八大有沒完沒了之勢，他終於忍不住，喝罵道：「阿彌陀佛，你這孽障東西！竟敢對伽藍佛祖如此不敬，罪過，罪過。」

朱重八這時正打得起勁，聽聞暴喝之聲，嚇得七魂去了三魄，揮在半空的掃帚定在那裡再也揮不下去了。高彬三步併作兩步，衝上前奪過朱重八手中的掃帚，用掃帚柄狠狠地打朱重八的手掌心，邊打邊說道：「阿彌陀佛，伽藍佛祖法力無邊，你對佛祖不敬，小心他日遭報應啊！」

朱重八像個做錯事的小孩兒，低著腦袋，任憑高彬打罵，不躲也不閃。高彬打了一陣，見朱重八面無表情，心想他定是知錯了，扔下掃帚轉身離去。臨走還不忘撂下一句：「念你是初犯，今日之事到此為止，他日若再犯，定不輕饒。」

朱重八因為埋怨佛祖的不公，動手打佛祖，高彬大師進行「點化」後，朱重八並沒有被「感化」。相反，朱重八很快又進行了第二次發洩。嚴格來說，朱重八第二次叛逆是被逼出來的。

　　原因是就在朱重八打佛事件數日後，佛堂裡的一根蠟燭被老鼠給咬斷了，倒地的蠟燭頭點燃了一塊坐墊，險些將佛堂大殿付之一炬。高彬暴跳如雷，他沒有去找失火的原因，而是直接叫來了朱重八，說了這樣一句話：「你上次毆打伽藍佛祖，現在報應來了吧。你要跪在伽藍神像面前一天一夜，不准起來也不准動，誠心誠意向佛祖賠禮謝罪。」

　　於是乎，倒楣的朱重八成了「老鼠事件」的直接受害者。他跪在神像前注視著伽藍神，心裡卻越想越氣：「你身為佛祖，不思濟世救民、普渡眾生，卻欲陷我於不仁不義之境地，良心何在？居心何在？」

　　寺廟的鐘聲響了一次又一次，朱重八早已跪得雙腳麻木了，但思想卻並未麻木。他的怒火隨著時間的推移而逐漸堆積。正如月盈即虧，水滿則溢。當朱重八怒火盛滿時，便開始爆發了，他拿了塊抹布蘸上墨水，偷偷地在伽藍神像的後背上揮毫潑墨起來。

　　一陣龍飛鳳舞，捲起廟內千層灰，透過灰垢，但見伽藍神像更顯神采奕奕，因為它身後多了五個黑黢黢的大字：發配三千里。

　　若要人不知，除非己莫為。沒過幾天，伽藍神像後背上的字就被人發現了。高彬聽說後大為震驚和憤怒。但這一次，高彬大師學乖了，他沒有直接找朱重八興師問罪，而是不動聲色地馬上在寺院舉行了一次「書法」比賽，並且給出了豐厚的獎賞：獲得頭名者獎米十升。在當時大荒的年頭，十升米更勝黃金白銀無數啊！於是乎，寺裡大小僧人爭先恐後地報名參賽。

　　朱重八自然也不甘落後，他雖然沒有上過學堂，但母親陳二娘又是

教他讀書識字，又是教他鳳陽花鼓，同時還教他書法繪畫。也正是因為這樣，在劉德家放牛時，他常常拿著枯樹枝在地上寫寫畫畫，字寫得龍飛鳳舞，別具特色。

寺裡就這麼多人，而且很多人都沒摸過毛筆。山中無老虎，兔子也稱王。連朱重八自己也想不到，他居然會脫穎而出，以黑馬之勢奪得了「書魁」。

朱重八笑了，這是他自家裡發生變故以來第一次笑。他笑得很爽朗，笑得很開懷，也笑得很天真無邪。

然而，朱重八很快又哭了。原因是就在他大笑特笑時，迎接他的不是鮮花、掌聲和稻米，而是一聲斷喝。

「把朱重八關入柴房，禁食三天。」高彬住持的話彷彿一聲驚雷把朱重八從美夢中炸醒。

「冤枉啊……我……冤……」朱元璋高聲叫道。

「你冤什麼冤，膽敢玷汙伽藍神佛，你吃了熊心豹子膽了吧！」高彬住持冷笑地說著，拿著朱重八的字跡走到伽藍神像邊，指著後背上的字說：「一樣的字跡，一樣的風格，一個模子印出來的，人證物證俱在，你還有什麼話可講？」

朱重八的確無話可講，良久，他猛拍著自己的頭，嘆道：「我真是天下第一傻瓜啊……」

高彬又惱又氣，大手一揮，對著身邊兩個和尚說：「還愣著幹什麼，還不把他關到柴房去啊。」朱重八哪裡甘心就範啊，他被兩個和尚架著，邊走邊道：「禁食三天算什麼，三天之後，我依然是一條英雄好漢。」

高彬除了苦笑，只有嘆息的份兒了。

看樣子，掃地之類的事朱重八是做不好了，為此高彬重新給朱重八安排了一份職業 —— 養鵝。按理說寺裡不能養生禽之類的動物，但此一時彼一時，世道混亂，災患連連，寺裡又得不到施捨，所以為了寺裡幾十號人吃飯穿衣，高彬只好想出了養鵝的下策。總之，八個字：自食其力，共度難關。

　　因為有放牛的經歷，養鵝對於朱重八來說也算是小菜一碟。朱重八每天將那些鵝向河邊一放，然後「故技重演」，到山上又是睡覺，又是摘果子，極盡玩耍之能事。總之，一句話，小日子自然過得瀟灑快活。

　　但饒是朱重八換了「工作環境」，仍然是眾僧的「眾矢之的」。很快就有和尚把他的「罪證」收集起來向高彬進行了彙報。結果高彬來了個「微服私訪」，把睡得正香的朱重八逮了個正著。

　　「叫你看鵝不是叫你來睡覺的。鵝呢？」高彬問。

　　「應該在河裡吃食遊嬉吧。」

　　「可我剛到河邊看了，沒看見鵝影子啊！」

　　「這個不用管，反正傍晚時刻它們都會回來。」

　　「你……你知道我叫你養鵝是為什麼嗎？」

　　「為了生計啊，寺裡老老少少、大大小小好幾十號人，現在化不到緣，吃什麼？」

　　「既然你知道，那你為什麼不把鵝固定在那裡吃食！你這樣把它們趕得滿山亂跑，它們生的蛋你能找到嗎？」

　　「這個……」朱重八猛然拍拍腦袋說，「這個，你又不早說，你只叫我養鵝，沒叫我撿蛋啊！」

　　「你……真是孺子不可教也。」高彬氣得暴跳如雷，「鵝要是少了

一隻，拿你是問。」說著，高彬長長地嘆了一口氣，拖著落寞的身影離去了。

　　說來也奇怪，原本鵝都好好的，自從高彬大師查崗後，突然就死了一隻。死了一隻鵝可是大事啊，朱重八這可犯難了，死了不能弄活，想去別人那兒借鵝，又沒有這個可能。最後沒辦法，朱重八隻好選擇了把死鵝「隱瞞不報」。雖然他知道紙終究是包不住火的，高彬住持遲早會知道的，但經過了上兩次事件後，朱重八明白這樣一句話：坦白從寬，牢底做穿；抗拒從嚴，回家過年。

　　因此，朱重八每天在放鵝時，少了往昔的悠閒快樂，而多了幾分深沉。那隻死鵝如同一座大山，壓得他喘不過氣來。

　　有一天，他怔怔地望著河邊的鵝發呆了大半天，想起了嚴厲的父親，想起了慈祥的母親，想起了厚道的大哥，想起了放牛時的夥伴徐達、湯和等人⋯⋯也不知道過了多久，當朱重八回過神來時，才發現自己的肚子在咕咕地叫著鬧革命呢！朱重八這才想起，他每天除了一碗稀飯和一塊饅饅，已有很長時間沒嚐過葷腥了。飢餓對於朱重八來說並不陌生，是那麼的刻骨銘心，也是那麼的淚眼婆娑。此時餓到了極限的朱重八想到河裡抓魚，但忙活了半天，魚兒就是不上鉤。想挖蟛蜞，也是徒勞無功。怎麼辦？此時烈日當空，正值晌午，朱重八眼珠子一轉，突然自言自語了句：「有了。」

　　「既然沒有人請我的客，我自己請自己的客，吃泥煨鵝好了。」於是乎，接下來的過程可以簡單地描述如下：生火、和泥、捉鵝。煨一隻吃一隻，一連吃了三隻，朱重八才吃飽。

　　從此，朱重八索性破罐子破摔，每天都煨一兩隻鵝吃，不出幾天，一大群鵝就被他吃了個精光。

鵝沒了，朱重八無事可做，皇覺寺也到了關門大吉的時候了。這一天，高彬法師舉行了一次極具規模的「罷粥散僧」宴，末了，高彬大師發話了，說了一句極為客氣的經典話：「青燈佛卷，陪得了一時，陪不了一生。如今天下饑荒一片，方圓百里餓殍遍野、生靈塗炭，佛祖為之垂淚。這裡終不是長居之地，都去吧，去吧……」

　　從此，橋歸橋路歸路，大家各自雲遊各地去謀生 ── 化緣。

# 畫餅充饑

就這樣，朱重八在皇覺寺度過了五十天的叛逆生活後，又面臨何去何從的尷尬和無奈局面。

離開了皇覺寺，連唸經都還沒有學會的朱重八屬於名副其實的「貧僧」（美其名曰遊方僧），出寺時也只有一瓶一缽，場面相當難堪。如何生存，如何把人生的路走下去，這是個大問題。

眾和尚分成陣列各自朝不同方向散去。朱重八剛開始夾雜在十幾個師兄中，一起結隊向南而行。師兄們覺得鬧市容易化到吃的，所以很快就結伴來到了鬧市。然後相約分頭行動，晚上再到指定地點集合。

朱重八一個人在鬧市轉悠著，很快鎖定了第一個化緣的對象，把目光停留在了一個家門口有九層臺階的富豪的朱漆大門上。朱重八畢竟是第一次，他忐忑不安地踱上前，看著門口兩個站立如石雕般的門衛，臉上羞臊得像火燒雲，心裡緊張得像騾打滾，躊躇了半天，竟不知道如何開口。正在這時，門裡走出一個管家模樣的中年男子來。朱重八眼看機不可失，時不再來，趕緊衝上前，對著中年男子鞠了個躬，然後將僧缽捧到他面前，雙手合十，道：「請施主開恩，施點兒齋飯或是幾個銅板給小僧吧，佛祖會保佑你的。」

「人家出門遇貴人，我今天是碰見鬼了，一出門就遇見你這個掃把星，真晦氣！有手有腳不曉得靠勞動去賺錢吃飯，卻來乞討，羞不羞啊！我還等著你給我施捨呢，雜種、人渣、敗類、無恥、下流、卑鄙……」那中年漢子破口罵著還不解恨，只聽見啊呸一聲響，當場惡狠

狠地朝朱重八的僧缽內啐了口濃痰，然後頭也不回地轉身離去。

朱重八被眼前突如其來的狀況弄懵了，呆呆地看著僧缽內的痰漬，愣了半天，突然眼眶一熱，一顆晶瑩的淚珠奪眶而出，接著又是第二滴、第三滴……

「咣噹！」朱重八又痛心又噁心，本能地把手中的僧缽朝那扇朱漆大門扔去。僧缽不偏不倚正打在了門柱上，痰漬灑了一地。

兩名門衛先是被朱重八窮凶極惡的舉動給驚住了，半晌後回過神來要抓朱重八時，卻發現朱重八早已跑得不見蹤影了。

朱重八一路狂奔，到達集合地時，已是日落西山。他睜著已風乾了的淚眼，發現師兄們早已垂頭喪氣地在破廟前「恭候」他多時了。一看他們的表情就知道，大家都是一無所獲。

此時夜風習習，飢餓如影相隨，有幾個氣餒的師兄甚至抱成團痛哭起來，邊哭邊道：「這樣下去，我們遲早都會成為餓死鬼。」「佛祖一定要保佑我們啊！」「我上有八十歲的老母，下有妻小……哦，那個，我不能這麼不明不白地死了啊！」

朱重八靜靜地看著師兄們的「比哭大賽」，良久，才說了一句這樣的話：「如果哭能解決問題，就用不著白娘子來水漫金山了。」說著，朱重八從地上拾起一根「打狗棒」舞了起來，別人使的「打狗棒」是快，他使的「打狗棒」卻是亂。正當師兄們看得眼花撩亂、心馳神往時，朱重八手握的棒子突然一抖，身子一個前傾，說時遲那時快，棒子倏地點在地上，然後以身子為撐點，在地上畫了一個圓圈。

畫畢，朱重八站定身子，望著發呆的師兄們，喃喃地問道：「剛才我畫的是什麼？」

「一個圈啊！」師兄們弱弱地回答，生怕答錯似的。

「不錯，的確是一個圈。」朱重八說著，突然話鋒一轉，接著問道，「師兄們還餓嗎？」

師兄們面面相覷，一天都沒吃東西了，看你的表演又不能當飯吃，能不餓嗎？

哪知，朱重八像是早猜透了大夥兒的心事，笑道：「別人畫的圈是神話，我畫的圈是奇蹟；別人畫的圈能賺錢，我畫的圈能救命。」

眾師兄搖搖頭、聳聳肩，表示聽不懂，想不明白，搞不清楚。

朱重八微笑著把目光一一掃過眾人的臉，手一揮，打狗棒在他畫的圓圈裡舞動起來，邊舞邊叫道：「這一招叫飛龍在天，這一招叫亢龍有悔，這一招叫見龍在田，這一招叫潛龍勿用，這一招叫神龍擺尾……」不多時，朱重八收起打狗棒，問道：「師兄們看這個圖案像什麼啊？」

眾師兄這才驚訝地回過神來，定睛細看時，地上出現了一隻雞的圖案，不禁個個咽沫吞舌，神情激動起來，紛紛叫嚷開來：「雞……」「山雞……」「野雞……」「山野雞……」「山野雞好好吃的哦，吃一口油膩膩的、香噴噴的、酥脆脆的，賽過活神仙哦。」

「還有答案嗎？」朱重八問。

「鳳凰，山裡飛出的金鳳凰。」最後一位師兄回答後，得意揚揚地看看其他師兄弟，彷彿在說，他回答得才最有水準 —— 看到雞隻是表面的，鳳凰才是引申之意嘛。

朱重八微笑地看著大家，直到大家安靜下來了，這才徐徐地說道：「這的確是一隻雞，一隻最普通的雞，大家想不想吃？」

「想……」大家異口同聲地回答，齊刷刷地盯著朱重八，眼睛鼓得

比燈籠還大，口水流得比瀑布還長。

「想也是白想。我們現在連填飽肚子的食物都找不到，還想吃雞，那是白日做夢。」朱重八道。

「你這不是唬弄人嗎？繞了這麼一大圈子，是在逗我們開心啊！」師兄們埋怨著各自散開。

朱重八一急，大聲叫道：「師兄們慢走，我哪敢唬弄師兄們啊！我剛剛所畫的圓圈和雞，有書本為證。這叫什麼來著？哦，就叫……叫……畫餅充饑……」

# ▎九死一生

「畫餅充饑」後，朱重八和師兄們採取了分散行動，大家各奔東西。而經過第一次乞討失敗後，朱重八徹底放下了自尊，逢人便磕頭，逢人便稱「爺」，然後使出死纏爛打的功夫，咬著牙強忍別人如刀子般鄙視的目光，忍住別人如毒蠍般火辣的謾罵，忍住別人如暴徒般無情的毆打。為了活命，他會去撿食他人丟棄的食物，和狗搶殘羹冷炙吃；為了活命，他磕破額頭也無怨無悔。

就這樣，朱重八踽踽獨行，偶爾回頭遙望一下來時的路，彷彿看見了遙遠的家鄉還有那些逝去的親人。孤獨、悽楚、無助與絕望一齊湧上心頭，化作一個字：痛。然而，他已沒有回頭路，路在腳下，他只有向前才有活路，只有向前才能生存。不久，他就南行來到了「光景」還不錯的盧州。

盧州是個好地方，朱重八卻無福消受，因為他已四天粒米未沾了。因此，他前腳剛「爬」進盧州，便病倒了。在倒下去之前，朱重八眼睛的餘光看見了一座破廟，然後，使出身上最後一絲力氣，連滾帶爬地進了廟門。

也不知道過了多久，當朱重八再醒來時，睜開雙眼，發現自己所處的這座廟不單單可以用「殘破」兩字來形容，而且還可以用「悽慘」來描述。堂內兩側聳立著幾尊無頭羅漢，堂前一排斷臂金剛，整個破廟四處漏風，採光條件非常好，當真是頭頂殘瓦可見天，腳下蛛網能做床。

朱重八此時四肢腫痛，意識模糊，潛意識裡知道自己已連續多日高

燒不退，一年多來的災難一一浮現在眼前，從家破人亡到一無所有，從受盡欺凌到喪盡尊嚴，就像做了一場夢，夢醒的時候無影又無蹤。

俗話說：「痛哭不痛，痛苦不哭。」漂泊到現在，他已餓得皮包骨頭，形如槁木。此時，他早已不哭了，因為他太痛苦了。活著便是痛苦，死去才是快樂。「或許死亡也是一種解脫吧。」想到這裡，朱重八反而如釋重負，默默地閉了雙眼，靜靜地等候著「解脫」的到來。

朱重八只想「睡」，這一睡就是一萬年，永遠不要醒。恍惚中，但見兩個紫衣人騰雲駕霧，體態輕盈，飄然而至朱重八身邊。其中一人變魔法似的端出一杯茶來，頓時茶香四溢，沁人心脾……彌留之際的朱重八早已口乾舌燥，聞見茶香，那雙原本死灰一般的眼睛緩緩地睜開，似乎有了一絲光彩。他雙手吃力地接過茶，咕咚咕咚喝下肚子裡去了，但覺飲後，澀中帶甘，香醇回甜，頓時有了生氣。之後，另一人嘴裡唸唸有詞，說了個「變」字，手一揮，朱重八還沒看真切，手上已多了一盤綠豆糕，朱重八立刻大快朵頤起來。但覺口感綿軟，入口即化，口味香甜，甜而不膩，令人神清氣爽。

如此數日，朱重八很快就疾去病好。兩位紫衣人見狀大喜，問道：「重八，你還感到哪裡不適嗎？」朱重八聞言大吃一驚，問道：「二位神仙如何知曉我的名號？」

「知便是不知，不知便是知；知便是知，不知便是不知……」

「那請問二位尊號，哪裡仙就？兩位恩公救命之恩重八他日定當相報！」

「知之為知之，不知為不知，是知也。」紫衣人道，「天欲降大任於你，必定要先苦你的心志，勞你的筋骨，餓你的身體，日後不論再遇到

什麼樣的艱難困苦，你都要堅持忍耐，一定要經受住考驗，日後方能成就大事，切記，切記……」

說完，朱重八但覺一陣疾風掠過，紫衣人忽地騰起身，乘風而去。朱重八見狀忙大喊道：「二位神仙別走，你們的杯子和碗還沒帶上，神仙，神仙……」

朱重八猛地睜開眼來，恍如隔世，摸著額頭滲出的細密的汗水，原來是南柯一夢。更令人奇怪的是，夢醒後，朱重八的病奇蹟般地好了。

這一段是史書的記載，真實性自然令人生疑，但無論如何，朱重八在乞討過程中，吃盡了苦頭，從此時起至元至正七年（西元1347年），三年中，他聽人說哪裡年景好就往哪裡走，破衲芒鞋，先後到過安徽、河南兩省十幾個縣。走遍廬州、固始、臨汝、陳州、鹿邑、亳州，潁州，行程五百多公里。「軟化硬討，山棲野宿，受盡了風霜之苦。」不但風餐露宿，而且途中臥病幾死，歷盡艱險和炎涼，才得以僥倖苟活於世。

這裡列舉朱重八兩個雲遊時的光榮事蹟。

一是「橫看成天側成子」。故事梗概：朱重八到了汝州一帶，一天晚上，他實在太睏了，不管三七二十一，來了個現場「打地鋪」。這時在附近居住的一位白髮蒼蒼的老人起身關窗準備就寢時，無意中看到樓下遠處躺在荒地上酣睡的朱重八。但見朱重八伸開四肢，頭枕著一根竹條（打狗棒）。老人忍不住稱讚道：「好一個『天』字啊，這小夥子定是嫩竹扁擔挑大梁之人啊！」第二天清晨，這位老人起來，開啟窗子，看到朱重八還在酣睡，只不過睡姿已從橫躺變成了側臥、屈身，那根打狗棒已經不經意間被他壓在了腰下。老人又忍不住稱讚道：「好一個『子』字啊，這小孩莫非是異數？」橫看成天側成子，從此，朱重八的頭上又多了一道神奇的光芒。

二是「半耕半讀為哪般」。朱重八在乞討的過程中還堅持做一件事，那就是讀書。因為條件有限，他讀的是《資治通鑑》中的一本，原本是皇覺寺藏經閣中的書，當眾僧要散遊天下時，高彬大師特意叫上了朱重八，然後把這本書贈給了他，當時只說了這樣一句話：「富家不用買良田，書中自有千鍾粟；安居不用架高堂，書中自有黃金屋；出門莫恨無人隨，書中車馬多如簇；娶妻莫恨無良媒，書中自有顏如玉；男兒若遂平生志，六經勤向窗前讀。」當時朱重八雖然還不能完全明白話中的意思，但卻明白了這樣一個簡單的道理：讀書有用。然而，剛開始雲遊時，每天尋找食物都焦頭爛額，哪裡還有心思去看書！但在經過風浪之後，在看淡生死，看破紅塵後，在意志力和免疫力及抗擊打力都提高後，他沒有再選擇「逃避」，而是選擇了直面人生。鳳陽人那種「飢寒困苦，他處人所不能忍者，獨能忍之」的頑強抗禦苦難的性格，在朱重八身上淋漓盡致地表現出來。於是，每天除了乞討，便是蹲在牆角、睡在路上、躺在地上，專心致志地看《資治通鑑》。清廉、正直、剛強、寬厚、忠誠、信義、執著⋯⋯這些古人所具有的品格，都在他腦中閃爍，小至一個人，大至一個國家，朱重八從中學到做人乃至治國的道理，這都為他日後參加起義和取得成功打下堅實的基礎，這是後話。

在「窮崖崔嵬」「猿啼夜月」的三年遊方生涯中，朱重八風餐露宿，嘗盡了人世間的孤獨辛酸而心中安然。災難的慘痛、富人的冷酷、窮人的慈善，這些全在他心裡打上了深深的烙印，他一輩子也沒能忘懷。災難鍛鑄了他、培養了他，使他過早地成熟起來。三年後，朱重八又返回了寺廟，在殘壁斷垣的皇覺寺內，他子然一身，晝夜與神靈相伴而鎮定自若，過上了雖然貧困卻還有屋頂遮風擋雨，也有粗衣淡飯保障的生活。後來，朱重八當了皇帝之後，曾這樣無限辛酸地回憶這段乞食生

涯：「朝突炊煙而急進，暮投古寺以趄踮。仰窮崖崔嵬而倚碧，聽猿啼夜月而淒涼。魂悠悠而覓父母無有，志落魄而佚徉。西風鶴唳，俄淅瀝以飛霜。身如飄蓬逐風而不止，心滾滾乎沸湯，一浮雲乎三載，年方二十而強。」

# 第三章

# 元朝的前世今生

# ▎ 龍椅上的那點事

話說元代自世祖忽必烈橫掃中原，滅掉宋朝，統一中國後，進入了「只識彎弓射大雕」的時代。然而，事實證明，蒙古人適合馬背上打天下，卻不適合馬背上治理天下。從元世祖忽必烈到元順帝妥懽帖睦爾，中間不過短短的幾十年，皇帝卻換了九個。國力從而由盛到衰。皇帝換得太頻繁，原因有兩個：一是「紅顏命薄」，二是死於非命。

究其根本原因是跟元朝皇帝的繼承制度有關。忽必烈之前，蒙古的汗位由幾大部落推選，忽必烈以「武力」稱帝後，發表了新的強力措施，以後皇位的繼承要不拘一格，可以是父死子繼，也可以是兄終弟及，而更關鍵的是，元朝的皇帝一般還要在上都登基才算是正統皇帝，否則人人可以得而誅之。這樣的好處是，可以防止皇子篡位之舉；而弊端是，皇帝能否即位，除了過先皇這一關，還得看宗藩諸王勢力的「臉色」。

先皇死後，如果這些宗藩諸王勢力阻止你登基，就算你手握先皇頒發的「繼位書」也是白搭，叫你成為空頭支票也不為奇。因此，新皇帝的誕生常常是各種宗族勢力共同參與的「結晶」，導致的結果：皇帝輪流做，明年到我家。沒有「勢力」和「實力」的新皇帝，僥倖在位亦難長久。

順帝妥懽帖睦爾屬於典型的幸運兒，他「勢力」不強，「實力」也不強，卻陰差陽錯地「借力」登了基。更幸運的是，他不但登了基，而且這一坐就是三十五年，可以說創造了奇蹟。一句話，他果然對得起他名號裡的「順」字。

其實，妥懽帖睦爾的「順」是遺傳他的父皇元明宗的，元明宗能當上皇帝，完全是靠他弟弟的「慷慨大度」。他的弟弟元文宗在權臣燕帖木兒的幫助下，奪得皇位，卻時時刻刻地「想著」遠在漠北的哥哥，表示要把皇位讓給哥哥，派燕帖木兒前往漠北迎接。元明宗看到弟弟如此謙讓，自然感激萬分，在回大都的途中就迫不及待地自作主張，冊封弟弟為「皇太子」。

而「皇太子」似乎甘當綠葉，對這個封號不但毫無異議，而且歡喜得很。高興之餘，他親自北上迎接皇帝哥哥入宮。於是乎，北上和南下的隊伍便在路上來了個「有緣千里來相會」。於是乎，大擺宴席慶祝兄弟重逢。於是乎，宴席一直持續進行，大有「今朝有酒今朝醉，明日愁來明日愁」之氣氛。於是乎，當宴席進行到第四天的時候，「明日愁」發生了，明宗「暴崩」了。於是乎，弟弟文宗在哭過痛過之後，又坐上了闊別八個月的皇帝寶座。

文宗靠這種「一石二鳥」和「借刀殺人」之計成功除掉哥哥這個「心腹大患」後，為了掩飾自己的罪行，「復位」的他將懷柔之策進行到底，馬上將明宗的遺孀八不沙皇后母子接入宮中贍養，並且詔告天下，說他百年之後立明宗之子為太子。

名義上這麼說，實際上文宗皇帝卻並沒有這麼做，而是千方百計想立自己兒子為太子。然而，八不沙皇后是個眼裡容不下一粒沙的人，文宗的舉動自然逃不出她的一雙「慧眼」，再加上對丈夫的死因一直表示懷疑，於是，八不沙皇后對文宗的不滿很快就暴露出來。

八不沙皇后的舉動，文宗看在眼裡恨在心裡，便朝自己的皇后卜答失里使了一個殺氣騰騰的眼色。卜答失里自然明白接下來該怎麼做，於是，她雞蛋裡挑骨頭，找了個冠冕堂皇的理由，處死了八不沙皇后。

掃除這個眼中釘、肉中刺後，明宗的長子妥懽帖睦爾便成了文宗的下一個目標。妥懽帖睦爾當時已經十歲了，是皇位繼承人中年紀最大的一個，於情於理於法都是繼位的最佳人選。因此，幹掉妥懽帖睦爾成了文宗最急切的任務。當然，如果直接殺死妥懽帖睦爾，跟捏死一隻螞蟻一樣易如反掌。但這是最愚蠢的辦法，這跟一向自詡聰明絕頂的文宗的做事風格顯然不符。再說，直接殺死妥懽帖睦爾，那文宗的「司馬昭之心」便人盡皆知，真相大白了。這會讓文宗的聲譽大受影響，他的信任度也會大大下降，朝中的藩王勢力說不定也會因此而分離，從而發生大動亂。

　　「硬」的不行，只能來「軟」的了。很快，一件離奇的宮闈祕聞傳了出來：妥懽帖睦爾不是明宗的兒子。消息的來源是皇子奶媽的丈夫，他信誓旦旦地說明宗曾經親口對他說過，妥懽帖睦爾不是自己的兒子。

　　這樣的無頭公案自然無從查對，不過對於文宗來說，要的就是這樣的撲朔迷離，查無可查。於是，他以快刀斬亂麻之勢迅速對妥懽帖睦爾進行了「降級」處罰 —— 流放到了遙遠的屬國高麗，安置在外海的一座大青島上。第二年，又下旨把他流放到靜江。

　　至此，妥懽帖睦爾算是跌到了命運的最低點，他保命的機會不大於一，登上皇位的可能性幾乎為零。然而，命運有時候就是這樣捉弄人，三年之後，文宗居然把年僅十三歲就受盡了折磨、飽經了風霜的妥懽帖睦爾重新接回了宮中。一路上，妥懽帖睦爾很擔心會重蹈父皇的覆轍。然而，事實證明，他的擔心是多餘的，到了宮中，元帝居然立即封他為太子。

　　說起來，不得不承認妥懽帖睦爾的運氣實在是太好了。原來文宗把他流放之後，便迫不及待地立了自己的兒子為太子，可小太子福大命卻

不大，在被立為太子後不到一個月就突然「暴病」身亡。於是，元帝馬上立了另一個兒子為太子，然而，這個兒子被立為太子後，突然就得了怪病，任憑御醫「妙手」施救，也不見「回春」。文宗就這麼兩個兒子，死了一個，另一個眼看也不保，自然大為驚慌，四處求神拜佛。後來在「佛祖」的保佑下，這個兒子總算「疾去病好」。然而，一波未平一波又起，兒子的病剛好，文宗又病了，結果，躺在病床上的文宗對自己進行了深刻的反省，他覺得這是自己對不起兄嫂的結果，為了向上天悔過，他便把流放在外的妥懽帖睦爾接回宮中立為太子。

文宗的懺悔還是沒有能留住他的性命，他這一病很快就到閻王那裡報到去了。臨死前，早已良心發現的他叮囑皇后、皇子和重臣燕帖木兒等人，一定要讓明宗的兒子妥懽帖睦爾繼位。

對此，朝中重臣燕帖木兒表示強烈反對，但皇太後卜答失里也許是由於「嚇怕」了，一定要堅守丈夫的承諾。兩人僵持的結果是，各退一步，達成如下妥協：改立妥懽帖睦爾的弟弟為皇帝（元寧宗）。太子居然沒有資格順利當皇帝，可見當時元朝藩王勢力的強大。與此同時，燕帖木兒被封為攝政王，將軍政大權，集於一手。

然而，元寧宗只當了四十三天皇帝，便和他的父皇元明宗一樣，突然「暴崩」了。

當然，如果你認為元寧宗的死純屬偶然，那就大錯特錯了。這一切有個幕後主使 —— 燕帖木兒。薑還是老的辣，燕帖木兒這一招釜底抽薪之計青出於藍而勝於藍，使得爐火純青，天衣無縫。幹掉了元寧宗後，燕帖木兒再次要求立文宗的兒子繼位，但皇太后此時是吃了秤砣鐵了心，還是要堅持原來的立場。然而，這次手握大權的燕帖木兒也吃了秤砣鐵了心，還是堅持自己的立場。

因為燕帖木兒拖著不給妥懽帖睦爾辦登基手續，皇太后也無可奈何。於是，妥懽帖睦爾就這樣被「高高掛起」，他的皇位看似岌岌可危，他的登基也似遙遙無期。然而，老天是公平的，也是開恩的，僅持了兩個月後，燕帖木兒卻來了個「死去元知萬事空」——暴病身亡。沒了絆腳石的羈絆，妥懽帖睦爾得以順利登基，是為元順帝。

# 墜落的姿勢

　　人在皇位，身不由己。妥懽帖睦爾想享福，但現實卻無情地折磨著他。妥懽帖睦爾雖然坐上了皇位，但是國家大權卻並不在他的手裡。瘦死的駱駝比馬大，權臣燕帖木兒雖然死了，但他的家族勢力仍然很大，弟弟和兒子都執掌著朝廷大權，於是元順帝不得不娶了燕帖木兒的女兒做皇后。這時他十三歲，燕帖木兒的女兒比他還小兩歲，雖然還是不怎麼懂事的小孩子，但仗著叔父與兄長的權勢，自然不把元順帝放在眼裡。她私傳懿旨，將由國家專賣的十萬鹽引占為己有，還時常對後妃橫加責打。元順帝對她十分不滿，不過由於形勢所迫，只好暫時隱忍。

　　當時高麗是元朝的屬國，有每年向元朝進貢的義務，這些貢品不但包括財物，也包括女子。當時元廷貴官，甚至以擁有多少高麗貢女來顯示身分。高麗貢女奇氏雖然生於微末之家，卻生得美麗聰慧，乖巧伶俐，特別擅長烹茶。元順帝看慣了驕橫的皇后給他的冷臉，對這個乖巧的美人自然是寵愛非常。皇后得知此事大發雷霆，當著皇帝的面把奇氏打得遍體鱗傷，想達到以儆效尤的目的。然而，適得其反的是，打過鬧過之後，元順帝對奇氏的寵愛之情反而又增加了幾分。

　　權力是個好東西，但一旦大了，慾望就會無限膨脹，永遠都沒有滿足的時候。燕帖木兒的兒子因為不滿足現狀，覺得自己的權力「過小」，三年之後，公然起兵造反，試圖登上皇帝這個至高無上的寶座。然而，因為準備工作不充分，還沒起事就洩露了消息，結果稀裡糊塗就成了刀下鬼。皇后自然也脫不了關係，很快被處死，曾經顯赫一時的燕帖木兒家族就此煙消雲散了。

按理說，元順帝擺脫了皇后這個夢魘的騷擾，接下來便是和奇氏過上相依相偎的幸福生活了。然而，江山代有人才出，各領風騷數十年。燕帖木兒家族倒下了，另一個叫伯顏的權臣又開始崛起了。

元順帝知道想奪回失去的權力，暫時是白日做夢。他此時唯一的希望就是立心愛的奇氏為皇后。然而，他很快就體會到了什麼叫「人卑言微」。他的這個小小請求剛一提出，就被伯顏義正詞嚴地拒絕了，理由是奇氏來路不明，身分不明，地位怎麼能明確呢？最終，迫於無奈，元順帝不得不立了一位有身分、有地位的蒙古貴族女子為皇后。

他的行動背叛了他的心，但他的眼睛卻背叛不了他的心。因此，他還是一心一意地專寵奇氏，從而把這位新皇后打入了「冷宮」。後來，奇氏為他生下皇子愛猷識理達臘。再後來，新皇后因為鬱悶，一天一天地衰老，很快便「老去」了。再再後來，元順帝終於守得雲開見日出，成功突破伯顏的狙擊線，正式立奇氏為皇后。

然而，立了自己最喜歡的美人為皇后，並不代表元順帝從此就收回了原本屬於自己的權力，放眼整個朝廷，對於元順帝來說，到處都是「敵對勢力」。他有心奪權，無奈勢單力薄，無能為力。眼看掙扎無效，心知肚明的元順帝索性一不做二不休，拋棄權力，闖「事業」去了。

元順帝的第一份事業是「木工」。做木工工作是他特有的愛好。這些年，他覺得自己活得太窩囊，凡事看別人眼色行事，甚至要看女人眼色，因此，幡然醒悟過來的元順帝選擇了做自己的事讓別人去說。元順帝很快多了一個綽號 ——「魯班天子」，具體表現在五個方面：

一是傾力打造元朝「第一舟」。元順帝曾經親自設計過一條龍舟，長一百二十尺，寬二十尺，前面有瓦簾棚、穿廊和兩間暖閣，後面有廡殿樓子。龍舟的船體和上面的殿宇都用五彩金裝飾，前面還有兩隻龍爪。

龍舟行駛的時候，龍的頭、眼、口、爪、尾都可以動，像是活的一樣，耀人眼目，特別氣派。這樣宏偉的設計、這樣宏大的規模、這樣豪華的氣勢、這樣的大手筆，不得個魯班獎說不過去啊！有了這座精巧的龍舟，元順帝就讓二十名衣著華麗的水手，頭戴黃金髻頭巾，身著紫衫，腰繫金荔枝帶，在兩旁撐篙，在前後宮山下的湖內往來遊戲。他高興起來，覺得隋煬帝遊江都的樂趣也不過如此了。追求夢想沒有錯，但玩物喪志就是錯，而這個人居然是堂堂一國之君，那就更加大錯特錯了。

二是著力打造天下「第一鐘」。元順帝在做木工活的同時，也頗具科技才能，為把機械原理應用到實踐中去，他還製造了一個宮漏，可以用巧奪天工來形容。宮漏是一種計時器，透過控制水流的速度來計量時間，相當於後世的鐘錶。元順帝做的這個宮漏，高六七尺，寬約三尺。用木頭做了一個櫃子，把漏斗壺放在裡頭，漏壺的水自上而下地流動。櫃上設計了一個類似西方的「三聖殿」。櫃腰立一位身姿綽約的玉女，手捧著時刻籌，隨著時間的推移而浮出水面。宮漏旁列著鐘鉦，還對應著兩名金甲神人，一位懸掛著鉦，另一位懸掛著鐘，入夜後這兩個神人便會按更敲擊鐘鉦，時間絲毫不差。每當鐘鑼鳴響時，旁邊設計的獅子、鳳凰等靈物都聞聲起舞。櫃的東西兩邊設計有日宮和月宮，有飛仙六人立於宮前，每到子時和午時，飛仙能自動走出，步過仙橋，到達「三聖殿」，過一會兒又退到原來的位置。總之一句話，其精巧絕倫，實屬罕見。

三是盡力打造建築建設「第一師」。元順帝不光能做出這麼多精巧的玩意兒，他還是一位設計大師，經常興致勃勃地為臣下們設計房屋，不但畫出規劃圖，還要按圖樣親手做出模型來，再讓大臣按照模型蓋房子。這些模型都做得十分精緻，上面還鑲嵌著很多珍奇的寶石。於是元順帝周圍的內侍經常哄他，說這模型造得不如某某家的房子精美。於是

元順帝就順手把模型毀掉重做，上面的那些寶石，就都藏到內侍們的口袋裡去了。元順帝可能是做模型上了癮，又給自己製作微型的宮殿，用木條巧妙搭成，有一尺多高，雖然不大，卻棟梁楹檁，宛轉皆具，各種部件一應俱全。他也按照這些模型大修宮室，在禁苑中造眺遠閣、留連館、萬年宮等，瓊樓玉殿，極盡奢華。他還別出心裁地開鑿了一口龍泉井，用各種珍貴的材料加以裝飾：瑪瑙石為井床，雨花石為井甃，香檀為蓋，離朱錦為井索，雲母石為汲瓶。如此裝飾之華麗，質料之貴重的井，可以說是空前絕後了。由此也能想像那些宮殿更是何等奢華！

　　四是費力打造宮中「第一市」。元順帝做木工活總有厭煩的時候，這個時候，他別出心裁地想出了另一個分散精力的法子，在宮中開起集貿市場來。皇帝一出手自然沒有也會有，很快市場中店鋪林立，陳列著九州四方的美味佳餚，遠近州縣的珍奇貨物，鮮豔的錦質旗招在微風中輕輕擺動，好個太平盛世的美景。為了顯示自己的慷慨大度，元順帝還對前來的「遊客」提供免費的午餐。因此，集市越來越熱鬧。為此，元順帝馬上進行了「改擴建」，在市場邊建了一座集寶臺，凡是遠夷四方貢獻的珍物、上古遺留下來的器物，都儲存在裡面，供人欣賞。結果帶來的效應是整個宮中呈現出一派前所未有的繁榮，也呈現出前所未有的嘈雜，而元順帝本人也得到了前所未有的樂趣。

　　五是竭力打造天下「第一魔舞團」。元順帝為了打發無聊的時光，找到了更為刺激的玩法──「十六天魔舞」。十六天魔舞是由十六個宮女把頭髮梳成若干小辮，戴著象牙做的佛冠，身披瓔珞，下著大紅色鑲金邊的超短裙，上穿金絲小襖，肩上有雲霞般的披肩，妖豔至極，性感逼人。她們每人手執法器，其中一個執鈴杵領舞，姿態各異，誘人眼目。另有十一位宮女著白色透明絲衣，頭上繫著白色絲帶，做出各種性感的

動作作為伴舞。宮中一有佛事，或順帝寂寞了，就讓她們載歌載舞，助興歡樂。其中，三聖奴、妙樂奴、文殊奴三個宮女的舞姿尤為曼妙，為此常常可以得到順帝賞賜的夜明珠、新款式的錦緞之類。

# 火上澆油

　　然而，元順帝不會知道，就在他躲在宮中「成一統」時，宮外已經是一團糟了。元室內部鬥爭加劇，各地民變風起雲湧，元朝的統治已經到了岌岌可危的程度。

　　眼看國將不國，元順帝這才慌了，決定不惜一切代價來拔除伯顏這根刺。伯顏是個有四大特點的人：一、是個專政自恣的人。二、是個肆行貪暴的人，天下貢賦多入其家，省、臺、院官多出其門下。三、是個標準的「民族歧視者」。元朝立國，本來就按征服的順序把天下人分為蒙古人、色目人、漢人、南人四等，實行民族不平等政策。這個伯顏還要更進一步，為了防止南方民變，他主張把張、王、劉、李、趙五大姓氏的漢人通通殺光，以防止禍害。還好這件事朝中其他大臣都堅決反對，元順帝也強硬了一回，沒有聽他的。四、是個趾高氣揚的人。因為他擁有熏天的權勢，每次出巡都旌旗蔽日，侍從填滿了街衢，而形成鮮明對比的是，元順帝的車駕儀衛卻少得可憐，弄得元順帝反而像他的跟班。什麼叫喧賓奪主，由此可見一斑。

　　對此，元順帝心中很不爽，準備伺機除了這個眼中釘、肉中刺。都說最堅固的堡壘總是從內部開始瓦解的，元順帝很快就發現了伯顏的姪子脫脫對伯顏也很不滿。於是，透過糖衣砲彈的攻勢，很快脫脫就掙脫了伯父的懷抱，轉而投入到了順帝的懷抱中。因為有「內賊」相助，最終不可一世的伯顏被順帝成功掀翻，趕出了朝廷，流落到野蠻之地去「任職」，結果死於貶途。

伯顏死了，他的姪子脫脫又開始掌權了。他倒不像他的伯父那樣專橫跋扈，反而是個很賢明的人，也很有才幹，在位期間廢除伯顏舊政，昭雪諸王冤獄，恢復科舉，還主持修訂了二十四史中的宋、遼、金三史，一時被譽為「賢相」。但這些政策雖然受到了漢族士人的歡迎，卻不免觸犯了蒙古保守貴族的利益，最後，脫脫被蒙古內部的反對勢力弄得焦頭爛額，只好罷相而去。後來，元順帝身邊實在沒有什麼能幹的人，才又把他找來收拾爛攤子。

這時元朝的統治已是積弊重重，迴天乏力了。蒙古帝國從統治一開始就把人分為四等，蒙古人統治下的漢人、南人是賤民，在他們眼裡根本不是人。漢人殺蒙古人不但要償命，而且要株連九族。而蒙古人殺漢人只需罰交一頭毛驢的銀兩即可。漢人不是人，漢人的女人更不是人，漢人村裡新媳婦的頭一夜一定要給蒙古保長，讓他們「驗貨」。漢人甚至連姓名都不能有，只能以出生日期為名，不能擁有武器，只能幾家合用一把菜刀。賦役沉重，再加上災荒不斷，廣大漢人在死亡線上掙扎，天下不亂才怪。

此時叫脫脫來收拾這個殘局，雖然他才幹過人，卻「生於末世運偏消」，無力迴天。無奈之下，只好趕鴨子上架，來了個兩步走。

一是「以鈔買鈔」來解決當時的財政危機。脫脫對鈔法的改革辦法是，加量印製「至正寶鈔」，替代早已通行的「中統寶鈔」和「至元寶鈔」，即所謂「鈔買鈔」。至正十二年（西元 1352 年），印造至正鈔一百九十萬錠，至元鈔十萬錠。至正十五年（西元 1355 年），印造至正交鈔多至六百萬錠。京師用料鈔十錠，不能換一斗粟，交鈔散滿人間，人民不願使用，視如廢紙，郡縣貿易，甚至以物易物。元代鈔法，至此大壞。

二是以水治水來解決黃河水患問題。當時黃河決口已經有好幾年

了，沿岸山東、河南幾十萬人淪為難民。脫脫復相之後，便召集群臣商議治河事宜，決定疏塞並舉，以水治水，挽河東行，使黃河復歸故道。其費用便從發行的新鈔中取來。至正十一年（西元 1351 年）四月，政府調發汴梁、大名等十三路民工十五萬人，廬州等戍卒兩萬人供役。從四月間開工，到十一月完工，黃河恢復故道。然而，就是這樣一件利國利民的大實事、大好事，最終卻演變成大壞事、大蠢事。原因是朝廷修黃河的經費經過那些貪官汙吏的層層盤剝，等發到民工頭上時已不夠塞牙縫了。與此同時，為了趕工期，在短時間內發動了近二十萬民工，不惜加倍役使，使得民工死傷眾多，哀鴻遍野，群情激憤。有詩為證：

　　丞相造假鈔，舍人做強盜。

　　賈魯要開河，攪得天下鬧。

# 「反」就一個字

由於朝廷昏庸腐敗，貪官汙吏草菅人命，再加上災荒連年，農民過的日子是衣不遮體、食不果腹。哪裡有壓迫哪裡就有反抗，為了不餓死，走投無路的農民只好拿起菜刀、木棒等最原始的武器起來反抗。最早起來公然反抗元朝政府的是江浙一帶的農民，這裡因為無窮無盡的災患，再加上政府的苛刻剝削，當地的百姓死亡超過半數，眼看這樣下去橫豎都是死，當地農民憤然揭竿而起。

緊接著「重災區」河南、四川、廣東等地也先後和元朝政府爆發了武裝衝突。一時間，烽煙四起，天下亂得像一鍋粥。

面對這樣的局面，元朝政府沒有立即採取「安撫政策」平息各地的叛亂，而是採取了「高壓政策」，進行武力鎮壓，並且頒發了「強盜皆死」的命令，意圖透過這樣的手段，徹底消滅不安分因素。

元朝政府的舉動徹底觸怒了天下百姓，於是，天下人皆走一條道──反。欒城人韓山童和潁州人劉福通早已經在策劃起義的事，並利用白蓮教宣傳「天下當大亂，彌勒佛下生」「明王出世」。打出的口號：天遣魔軍殺不平，不平人殺不平人，不平人殺不平者，殺盡不平方太平。打出的旗號：天高皇帝遠，民少相公多；一日三遍打，不反待如何！也正是因為這樣，白蓮教發展很快，民工中也有不少白蓮教徒。

此時他們看準時機，於至正十一年（西元1351年），韓山童的弟子劉福通命他的教徒預先在黃陵崗（山東曹縣西南）附近的黃河河道處，埋下了一個獨眼的石人，有意讓民工掘出。結果，民夫開河道時，果然掘出了

石人，但見石人背上寫著：「莫道石人一隻眼，挑動黃河天下反。」遠近轟動了。工程完畢後，除了少部分民工還鄉外，大多數民工都集結在劉福通之下，成為起義的主力。因為他們頭裹紅巾，所以美其名曰「紅巾軍」。

獨眼石人出現的消息很快傳開，使早已對韓氏父子深信不疑的白蓮教眾群情振奮。劉福通又宣布說韓山童乃是宋徽宗的八世孫，定能「重開大宋之天」。

既是皇家後裔，自是要做皇帝的，當然要有點派頭，搞些儀式。然而就在眾人殺白馬黑牛誓告天地，忙得不亦樂乎的時候，消息卻洩露了出去。元朝政府很生氣，後果很嚴重，韓山童被捕殺，只有他的妻子楊氏和兒子韓林兒因為「跑得快」，僥倖逃入武安山。看來虛榮心真是害死人啊！

眼看情況不妙，劉福通當即奔至潁州，公開宣布造反。由於策劃已久，民怨又深，起義勢頭極佳，沒多大工夫，紅巾軍就占領了潁州、上蔡、亳州、項城、息州、光州等地，直屬人馬超過十萬。

至正十五年（西元 1355 年），在一個鶯飛草長的季節，為樹軍威，劉福通立韓山童的兒子韓林兒為皇帝，建都亳州，國號宋，年號龍鳳，國旗紅巾。劉福通任太保、丞相，統領這支起義軍繼續擴張。

紅巾軍的強勢蓄髮，帶來的結果是各地起義隊伍愈發壯大，於是乎，中原各地都陷入了戰爭。

濠州富戶郭子興便是其中較有名氣、較有實力的一支隊伍。郭子興的祖籍在曹州，他的父親原本是個到處遊走的算命先生，走遍天下全靠一張嘴混飯吃。一天，這位郭大算命先生遠遊到定遠，遇到一件很奇特的事，說是城中一富豪整天唉聲嘆氣，得了憂鬱症。一打聽才知道，原來他是為嫁女發愁。他的女兒不但生得醜，而且有殘疾 —— 天生盲眼。

世上貪富之心人皆有之，愛美之心人皆有之，但害怕之心也人皆有之，村裡人因為害怕娶了這位富家之女，日後兒孫遺傳貌醜眼盲，因此都對這位富二代避之唯恐不及。

郭大先生聽說後，卻很高興，他馬上找到富豪，說要娶他的醜盲女，並且信誓旦旦地表示，愛他女兒一萬年。富豪見有人敢娶他女兒已是喜出望外了，見他說得這麼冠冕堂皇，更是萬分激動。於是乎，兩人一個願打，一個願挨，馬上成交。

都說失之東隅，收之桑榆。婚後，醜盲女不但為郭家生了三個身強體壯的健康兒子，還帶來了大筆嫁妝。郭家原本一貧如洗，但因此而一夜暴富，成功躋身地主豪強之列。這也為郭子興後來結納四方強梁、擔當領袖奠定了雄厚的物質基礎。

郭子興排行老二，他沒有遺傳母親的「盲眼」，而是遺傳了父親的「慧眼」，很早意識到腐敗的元朝政權不能維持長久，於是乎加入了韓山童創辦的白蓮教當信徒，磨刀霍霍，以待天時。果然，很快，活不下去的百姓發起了一浪高過一浪的起義，眼看「天時」已到，郭子興於至正十二年（西元 1352 年）春，集中自己平日交結的數千人，攻占了濠州，從此也成為紅巾軍的一路統帥。

第四章

從「零」開始

# ▌千古一卜

　　至正七年（西元 1347 年），朱重八雲遊四年後，終於返回了皇覺寺。此時，皇覺寺在眾僧離散後，早已一片破敗狼藉：塵絲蛛網，布滿殿廡，香火寥寥，禪床寂寂。更讓朱重八悲痛和傷感的是高彬長老已經圓寂了。

　　世道、人情，只有二十一歲的朱重八都早已領略了。因此，儘管皇覺寺已不是住的地方了，但他還是決定留下來。水是家鄉好，月是故鄉明。走南闖北這麼多年，他終於明白，不管別的地方如何好，都不如在家鄉好。也正是因為如此，有人問他為什麼不繼續流浪時，他會這樣答：其實你不用去遠方，好地方就在你身旁。

　　於是乎，朱重八隨後在皇覺寺一待就是四年。四年彈指一揮間，對於白駒過隙的人生來說是很渺小的，朱重八雖然「躲進佛門成一統」，但沒有因此而「虛度光陰」，也沒有因此而「枉自蹉跎」，而是徹底靜下心來，修身養性、以不變應萬變，靜觀天下風起雲湧，變化無常。

　　如果說朱重八在流浪的四年中，最主要的事是混口飯吃，那麼在皇覺寺的四年，最主要的事就是讀經誦經。多年的流浪生活鍛鍊了朱重八的意志，也讓朱重八明白了知識的重要。當年高彬大師送他的《資治通鑑》中的那本讓他大徹大悟，刀是最鋒利的利器，但也僅可以用來殺人而已，而思想卻能武裝人，能改變人，能統治天下。重新回到皇覺寺，立志一定要出人頭地的朱重八翻出藏經閣中的各類經書閱讀，通宵達旦，不知疲倦（「復入皇覺寺，始知立志勤學。」《皇明本紀》）。朱元璋的學識就是在此時獲得的。

然而，山雨欲來風滿樓，以淮西之大，也保不住青燈古佛之地的平靜。正當朱重八在皇覺寺內吃齋唸佛之時，濠州城被紅巾軍首領郭子興占領。而元政府得知濠州失陷的消息後，立即派彻里不花領三千兵馬駐營於濠州城南三十里的地方，聲稱攻城。平日沉迷酒色、貪戀錢財的元軍貪生怕死，不敢與紅巾軍交戰，四處搶掠婦女財物，供自己享受。又抓一些壯年男子，在他們的頭上繫一塊紅布，算是在戰場上俘虜的紅巾軍。

因為郭子興的軍隊信仰的是彌勒教，打出的口號是「彌勒出世，天下太平」，而寺廟裡又供著彌勒佛，口口聲聲唸的是彌勒佛號。因此，元軍除了對貧民、婦女感興趣外，對寺廟也情有獨鍾，見了寺廟宗堂就焚燒，見了彌勒佛像就搗爛。皇覺寺自然也在劫難逃。至正十二年（西元1352年）的二月，災難波及皇覺寺，寺院不但被元兵搶掠，還被放火焚燒，幸虧和尚沒頭髮難以冒充敵首，朱重八才沒有被抓住當成紅巾軍押走。

皇覺寺被焚，濠州城內外兩軍對峙，這兩個突然降臨的災難，讓朱重八再次陷入到進退兩難的絕境之中。無奈中，朱重八只好隨波逐流再次離開了皇覺寺，回到了闊別已久的家鄉。他卻發現家鄉舉目無親，二哥自從上次一別之後，再無音訊，三哥一家又喪命於兵亂之中……看樣子家鄉已無他的安身之處了。他想再次雲遊四方，但此時戰火四起，又能雲遊到哪裡去呢？天下之大，朱重八悲哀地發現竟然沒有自己的容身之地，無奈之下，他只得回到一片狼藉的寺院，靜思進退之策。

就在朱重八惘然之際，一封突如其來的信讓他眼前一亮，他對送信人千恩萬謝後，緊緊地抓住那封信，如同抓住了一根救命稻草一樣，喜極而泣，淚流成河。原來這封信就是他放牛時的夥伴湯和的親筆密函。

湯和的信分四層意思：首先是回憶，回憶當年一起的放牛情、夥伴情；然後是訴說，訴說分別後的離別情、相思情；再然後是彙報，彙報

參加郭子興起義軍的戰友情、軍民情；最後是憧憬，憧憬再敘兄弟情、生死情。朱重八看完信後，淚水早已打溼了信箋。

　　參加起義的事，其實在他腦海裡由來已久。早在流浪乞討的時候，他就在江淮一帶耳濡目染過韓童山的「白蓮教」，雖然那時的「白蓮教」還只是個民間的祕密組織，規模小，人員也不多，但教中所提倡的「有衣同穿，有飯同吃，有福同享，有難同當」的思想深深地印入了他的腦海。他雖然沒有「貿然」入教，但「起義思想」的萌芽卻由此而產生了。在皇覺寺的四年，與其說是小隱隱於野的四年，不如說是臥薪嘗膽、苦練內功的四年。他如同一條「潛龍」，等待著「雷雨」的來臨。也正是因為這樣，他身在寺廟而心憂天下。也正是因為這樣，當韓山童、劉福通發動武裝暴動時，他欣喜若狂，抱著伽藍神像一如抱著當年的母親一樣又親又啃，但興奮過後，他還是選擇了「按兵不動」，靜觀形勢發展。也正是因為這樣，當郭子興扯虎皮作大旗，呼應紅巾軍占領濠州時，他同樣喜出望外，同樣抱著伽藍神像一如抱著當年的母親一樣又親又啃，但興奮過後，他同樣還是選擇了「按兵不動」，再觀形勢發展。如果對劉福通按兵不動那是因為「距離遠」造成的話，那麼對郭子興這個近在咫尺的起義軍也按兵不動，那就是另有原因了。原因是他有顧慮。濠州很好，郭子興很好。然而，軍隊的統治卻不好。原因是和郭子興一起起義的孫德崖等五人相互猜忌、排擠，誰也不服誰，誰也不把誰放在眼裡，誰也指揮不了誰，起義才剛剛開始，就進行「窩裡鬥」，這是成大事的樣子嗎？

　　也正是因為這樣，朱重八再次按兵不動。然而，正所謂樹欲靜而風不止，朱重八原本想安安靜靜地在皇覺寺過自己的日子，但元兵的毀寺把他往絕路上推。正當他面對艱難選擇時，湯和的信卻直接一把把他推下了萬丈深淵。湯和在信中言真意切，朱重八看了後心潮澎湃。然而，

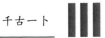

他仍然覺得郭子興這攤渾水不好蹚，蹚不好會引火上身，傷了自己。

思來想去夜成空，眼看天將漸曉，朱重八長嘆一聲，然後將信放在長明燈上點燃燒掉。這封「大逆不道」的信是不能留的，一旦被元兵發現，就算他有十個腦袋也不夠砍。

雖然燒掉了信箋，但何去何從，朱重八還是猶豫不決。是啊，想了很長時間，一直決斷不下。但就在他徘徊、猶豫的時候，很快又收到了第二封信，這封信同樣是請朱重八下山，署名同樣是湯和，只是內容卻不一樣了。和第一篇洋洋灑灑的數萬字相比，這封信卻惜字如金，只有寥寥數十字：通訊之事已被人知曉，正欲告官，是去是留，兄臺三思而後行，愚弟在濠州城等候兄臺大駕光臨。

如果說接到第一封信他是喜出望外的話，那麼接到這封信便是冷汗如雨了。被人告發，那是要砍頭的。看樣子留下來只有等死了。可是去哪裡？按湯和信中所說，去濠州投靠郭子興嗎？可濠州一城五主，且個個都不是吃素的主兒，這攤渾水能蹚嗎？想留不能留，想走不好走，朱重八沒有站在那裡傻傻地唱〈離歌〉，而是走進後院，去找那尊唯一倖存的伽藍神像「問策」。

伽藍神像此時孤零零地站在那裡，一臉的釋然，彷彿早就看透了這個亂糟糟的世道，又彷彿早已厭煩了這個物欲橫流的世道，抑或它只是兩耳不聞寺外事，一心只求佛祖事。朱重八定定看著伽藍神像，目光突然停留在神像背上的「發配三千里」幾個大字上。雖然這只是當年的「無心之過」，雖然事後高彬大師也叫人進行了擦洗，但無奈字刻入佛身，為了不擦壞佛祖，當時也只能是「淺嘗則止」。經過歲月的洗禮，「發配三千里」五個大字更加怵目驚心。全寺皆毀，唯剩伽藍神像，此時無助的朱重八第一次開始信佛了，他覺得這就是佛祖的力量。

神案上有卦在旁邊，朱重八決定向伽藍佛祖討個卦，求他指引一條生路。他跪在草蒲團上，虔誠地朝伽藍佛祖磕了三個響頭，默默地唸道：「內事不決問父母，外事不決問佛祖。求佛祖指點迷津，指點我何去何從。如果我命中該雲遊在外，逢凶化吉，得以保全性命於亂世，請給我一個陽卦。」

唸完，他起身恭恭敬敬地從神案上請下陰陽杯茭，高舉過頭，閉上雙眼，拋擲於地。朱重八睜眼來看，卻是陰卦。結論是不吉利。朱重八重新跪於地，心中再度唸道：「佛祖神靈在上，如果我要繼續留在寺中，供香奉佛，超度眾生，造福百姓，請給我一個陽卦。」唸完，他再次把陰陽杯茭高舉過頭，閉上雙眼，拋擲於地。睜眼來看時，卻還是陰卦。結論是不吉利。走不吉利，留也不吉利，那麼什麼才吉利呢？莫非去死才吉利。朱重八的心開始往下沉，他想了想，只剩下投濠州郭子興一條道了，於是又默祝道：「佛祖神靈在上，如果我投奔濠州此去能一帆風順，日後能飛黃騰達，能成大事，能龍嘯於雲天，請給我一個陽卦。」

唸完，他第三次把陰陽杯茭高舉過頭，閉上雙眼，拋擲於地。這次睜眼來看時，不由得驚喜交加，原來果真是個陽卦。結論是大吉大利。

多年以後，朱重八這樣回憶道：他並非願意參加紅巾軍，並非想造反，而是願意繼續當好大元王朝的順民。但是他無法抗拒神靈的安排，因為神向他透露了一個天大的祕密：參加紅巾軍即可踏上通往皇帝寶座的道路。

這就是朱重八充滿傳奇色彩的千古一卜，從和尚到皇帝的命運大轉折之卜。占完卜，既然神意如此，朱重八原本浮躁的心終於平靜下來。目標已定，投奔濠州，接下來就是付諸行動的時候了。

當然，前途是光明的，也是艱險的。風風雨雨必定都要經過，這一去比流浪乞討更凶險萬分，稍不留神就會落得人頭落地、屍骨無存的悲

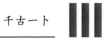

慘下場！但他的內心卻是火熱的，他帶上簡單的行李，迎著如血般的夕陽，踏著堅實的步伐走出了皇覺寺，向濠州城走去。

此時，林中的百年銀杏樹上，突然驚起一隻天鵝，唰的飛向天際。朱重八再看時，天鵝越飛越高，越飛越遠。哦，那已不是一隻天鵝，而變成了一隻鳳凰——涅槃鳳凰，浴火重生。朱重八知道，他這一走，也在變，這一變，那貧窮磨練出的毅力，艱難哺育出的智慧，屈辱迸發出的決心，動亂鍛打出的膽略，像噴吐的火山，一飛千里；這一變，變出個「始為僧，繼為王，終為帝」的大明王朝開國之君。

這真是「東風吹醒英雄夢，不是咸陽是洛陽」。

# 當頭一棒

至正十二年（西元 1352 年），對於朱重八來說，是一個永遠值得紀念和懷念的年分。這一年，他二十五歲；這一年，他離開了皇覺寺，開始了一種全新的生活；這一年，天地為之動搖，日月為之色變；這一年，朱重八浴火重生，從此「朱元璋」這個名字響徹大江南北。

改名朱元璋是他早就想好的事。所謂璋，是一種尖銳的玉器，這個朱元璋實際上就是「誅元」璋。朱重八把自己比成誅滅元朝的利器，而這一利器正是元朝的統治者自己鑄造出來的。在今後的二十年裡，他們都將畏懼這個名字。只是在出家時，他選擇了隱忍於心。此時亮出此大名，一來有洗心革面之意，二來有立志揚帆之意。

然而，朱元璋不會知道，他雖然取了這麼個雄糾糾、氣昂昂的名字，但很快就碰了壁。碰壁的地方就是他拋開一切，風塵僕僕追隨而來的地方 —— 濠州城。

濠州雖然不是很遠，但在當時交通條件相當低劣，在沒有飛機、高鐵、火車、汽車等先進交通工具的前提下，想要像李白所說的那樣「千里江陵一日還」，那是白日做夢的事。因此，洗心革面的朱元璋經過幾天幾夜的風餐露宿後，很快就變得蓬頭垢面。

都說人不可貌相，海水不可斗量，但那是指一個人的內才。而通常人的第一印象還是看外表。長相、衣著、打扮、氣質這四大元素朱元璋一個也沒有。朱元璋的長相非但不是屬於俊美型的，甚至不敢恭維。顴骨高高，下巴突出，整個臉部的側影就跟沙和尚手裡拿的月牙鏟一般，

屬於一條「醜龍」無疑。整天在溫飽線下掙扎，穿的自然只能用「襤褸」來形容了。至於氣質，儘管朱元璋什麼都缺，唯獨不缺氣質，但他的氣質早已被殘酷的現實給掩蓋了。因此，當他走到濠州城下時，只能跟乞丐稱兄道弟了。

「開門。」朱元璋朗聲道。因為有湯和在城裡，他顯得底氣很足。

「你是哪個，報上名來？」守城的士兵一邊問著，一邊打量著他。很快，眼神中就多了幾分輕蔑之意。

「我叫朱元璋，因有朋友的推薦，特來投靠郭子興。」

「哼，好大的口氣，郭大元帥的名諱是你這樣的下人可以隨便亂叫的嗎？」

「我……那個……麻煩你通報一下嘛！」

「通報可以，只是要收點跑路費。」守兵嬉笑道。

「要錢沒有，要命一條。」朱元璋怒道。

「你的命很值錢是吧！」城外的吵鬧引來了守城的百夫長，他倚著城牆，從頭到腳打量了朱元璋一番，突然厲聲道：「給我拿下！」

士兵們得令，立刻開啟城門，把朱元璋圍成了個「水桶」。

朱元璋怒道：「這就是你們的待客之道嗎？」

「來而不往非禮也，你冒犯我們郭元帥在先，我們已經對你夠客氣了。」此時，百夫長嬉皮笑臉地走過來，目光如炬地盯著朱元璋，喃喃道：「看你這身打扮，似和尚非和尚，似漢人非漢人，似良民非良民，非奸即盜，非蒙古人的走狗，即蒙古人的間諜。」說著話鋒突然一轉，喝道：「你們還愣著幹什麼，把他給我綁了，打入死牢，擇日問斬。」

士兵們蜂擁而來，很快就把朱元璋綁成了個「木樁」。

「你，你，你們⋯⋯」朱元璋雖然人高馬大，力大如牛，但好漢敵不過人多，此時被綁為「人質」後，又驚又氣又惱，情急之下，脫口而出：「我是你們郭元帥的朋友，你們不但綁了我，還要砍我的頭，你們就不怕郭元帥知道後，抽了你們的筋，剝了你們的皮，把你們五馬分屍嗎？」

朱元璋的「恫嚇」顯然造成了意想不到的效果，士兵們剛才還趾高氣揚，轉眼間變成了霜打的茄子 —— 蔫了。一個士兵小聲對百夫長說：「如果是郭元帥的朋友，我們吃不了可要兜著走啊！長官，我們是不是先放人再說？」

「放屁！」百夫長畢竟老練些，豈是朱元璋三言兩語能唬住的。他猛地抬手朝朱元璋的臉上狠狠地抽了一巴掌。邊抽邊罵道：「你到哪裡不好混飯吃，偏來你爺爺這裡。剛剛還直呼我們郭元帥的名諱，不可一世的樣子，現在怎麼就攀起關係來了？我們郭元帥會有你這樣的朋友嗎？騙三歲小孩還可以，騙你爺爺我沒門。要不你乾脆說你是郭元帥的十八代曾孫，叫我們每個人為爺爺，這樣，你就有生路了。」

士兵們一聽，個個捧腹大笑，紛紛附和道：「對呀，叫我們爺爺呀，乖哦。」

「我呸！」朱元璋是個倔強的人，此時見他們這麼凌辱他，索性豁出去了，奮力掙扎著，朝著百夫長就吐了一口唾沫。

百夫長哪料到朱元璋敢做這樣的壯舉，唾沫正中他的臉上。他惱羞成怒，怒不可遏，如殺豬般地叫道：「你這個狗雜種，老子殺了你！」說著倏地拔出佩劍，便要朝朱元璋的胸膛刺去。

「住手！」正在這個節骨眼上，一聲暴喝鎮住了失去了理智的百夫

長。百夫長和士兵回頭一看來人，嚇得面如土色，當下齊刷刷地跪倒於地，齊聲道：「郭元帥！」

　　而對於朱元璋來說，他期待的人終於出現了，只是這個郭子興是救星還是災星呢？

# 應徵的技巧

朱元璋和士兵們的爭吵驚動了正在城裡「巡邏」的郭子興。郭子興被朱元璋特有的人格魅力所吸引，當即救下了他，並且把他帶到大堂，親自替他鬆了綁，請他「上座」，對他的禮數算是破天荒了。

而頗為感激的朱元璋知道這才是他要找的老闆，剛才只不過是拿到了一張「入場券」，接下來才是最重要的環節──面試。能否「應徵」成功，能否被老闆相中重用，在此一舉了。

「請你自我介紹一下。」郭子興祭出老掉牙的職場第一問。

「本人姓朱，名元璋，曾用名朱重八，家住鍾離之西鄉孤莊村，後來無家可歸……四海為家，後來……後來到皇覺寺……」朱元璋囁嚅地說著，種種傷心往事又浮上了心頭，眼睛一熱，一股鹹鹹的東西便要往下流。他趕緊低頭用手擦了擦眼睛，頓了頓，平復了一下心情，才接著道：「我到這裡來，就是想投入元帥這個溫暖的大家庭，共建美好家園。」

「好，好一個共建美好家園。」郭子興讚賞地點了點頭，馬上發出第二問，「你有什麼業餘愛好？」

「放牛、打架、當和尚、念佛經、乞討……」朱元璋戛然而止，顯然意識到自己「失言」了。

「生活閱歷不簡單嘛。」郭子興微微一笑，接著上演第三問，「你最崇拜誰？」

「以前最崇拜白蓮教創教人韓山童。」朱元璋說著臉色突然黯淡了下來，「可惜他『出師未捷身先死，長使英雄淚滿襟』啊！」

「那現在呢？」

「遠在天邊，近在眼前。」朱元璋突然開竅地說，「現在最崇拜的人當然是元帥您了。」「呵呵，你還蠻會見風使舵的嘛！」郭子興明知朱元璋是恭維的話，但松樹皮似的臉上還是笑開了花。第四問新鮮出爐，「你的座右銘是什麼？」

「只為成功找方法，不為失敗找藉口。」朱元璋嘴裡這麼說，但心裡卻道，「我的座右銘其實是『你的是我的，我的還是我的』。就不告訴你，氣死你，咋的！」

「經典。那談談你的缺點？」

「我沒有缺點。」朱元璋的回答是職場應徵的大忌。

「哦。」郭子興好奇地看著朱元璋，「真沒缺點？那你就是一個完人了。」

「我是個不斷反省反思，並且能改過自新的人，所以我的缺點就是我的優點，我的優點就是我的缺點。」

「談談你的一次失敗經驗？」

「第一次給地主放牛，牛跑到山外去了，牛吃了農家的菜，結果被罰餓肚子三天，失敗；第一次當和尚，掃廟堂的地，被伽藍佛像絆了一跤，結果打佛不成功反被住持打腫了自己的手心，很失敗；第一次乞討，結果一口飯一個銅板沒討到，還賠了一個鐵缽，非常失敗；第一次⋯⋯」眼看朱元璋選這些雞毛蒜皮的事沒完沒了地說下去，郭子興趕緊打斷了他，發表第六問：「你為什麼選擇我們？」

「現在天下民不聊生，要想苟活於亂世，不起義就會被餓死。但林子大了什麼鳥兒都有，同樣的道理，起義的隊伍多了，什麼樣的人都有。

有的是想立大志成大業，有的是只看區域性利益，做點兒趁火打劫的事。我十分看好元帥這支軍隊，因為我認為你們有成就大業的胸襟和氣魄，我認為這裡很適合我。」

「我們為什麼要錄用你？」郭子興最後一問。

「要想成就大業，除了情商高、懂得厚黑學、時勢使然三個因素外，重要的因素就是要會用人，劉邦當年打下劉氏江山曾說過這樣的話，『夫運籌帷幄之中，決勝千里之外，吾不如子房（張良字子房）；鎮國家，撫百姓，給餉饋（供給軍餉），不絕糧道，吾不如蕭何；連百萬之眾，戰必勝，攻必取，吾不如韓信。三者皆人傑，吾能用之，此吾所以取天下者也。項羽有一范增而不能用，此所以為我所擒也』。由此可見，想成霸業，定當虛懷若谷，虛心納才。如能令天下廣大賢才蜂擁而至，何愁大業不成！在下雖不才，但因慕元帥大名而來，元帥定當不會拒人於千里之外了。」

對話到此結束，應該說整個應徵過程，朱元璋回答得十分精彩。連朱元璋本人也對自己的臨場發揮感到很滿意，因此，對答結束後，他一動不動地盯著郭子興，等待他最後的裁決。

然而，郭子興卻像在深思著什麼，低著頭，把玩著茶杯蓋子，良久，端起茶放在鼻子邊聞了聞，然後，悠悠地啜了一口，讚嘆道：「茶香入座午陰靜，花氣侵簾春晝長。茶好，水好，才能泡出這麼好的茶來啊，你不嚐嚐嗎？」

朱元璋端起茶杯，不疾不徐地呷了一口茶，也不知那茶是什麼品種，入口又澀又苦又酸，心中不由得叫道：「苦也。」

「苦吧？」郭子興問。朱元璋點了點頭，郭子興接著道：「這叫苦丁茶。初飲覺得苦澀難嚥，但飲後便會苦盡甘來，回味無窮，更重要的是

它還能清熱解毒，利腸潤肺。我一年四季常飲，吃飯飯香，喝水水甜，百病不侵，這是強身健體之舉啊！這人哪，要吃得苦中苦，方為人上人，正所謂先苦後甜嘛！」

郭子興說得口水橫飛，聽得朱元璋雲裡霧裡。好在郭子興說完大道理後，終於亮出了底牌，公布了「面試」結果，歸納起來有兩點：一是朱元璋被錄用了；二是朱元璋的職務是親兵（舊時指官員身邊的隨從護衛）。

一個小小的親兵，當然不是朱元璋想要的結果。然而，雖然他有點失望，有點遺憾，有點傷心，但轉念一想，這也可能是郭子興對他進行的「考驗」，如果連這點考驗都經受不了，還談何出人頭地，談何成就大業！既來之，則安之，先好好地幹吧。再說還有湯和在，也不寂寞了。

湯和此時已是千夫長了，對朱元璋的到來非常歡迎。可以想像，兩人闊別十年後再度相逢是何等的喜悅、何等的昂然。有故友如此，有故交如此，有故情如此，也不枉此生了。

# ▎官場升遷記

　　眾所周知，一個人的成功和自己的努力是分不開的。很多時候，並不是我們「懷才不遇」，而是我們不善於尋找和抓住機遇。畢竟，機遇不像地鐵，光是等待是等待不來的。下面就來看看元末版的「朱元璋升遷記」。

　　朱元璋屬於「懷才」的人，同時也很主動地邁出了尋找機遇的雙腿。他脫下了袈裟，穿上了紅襖，纏上了紅頭巾，成為了郭子興親兵營的一名親兵，儘管無官也無位，但他並沒有「懷才不遇」地抱怨。相反，他明白初到起義軍中，沒有關係，沒有背景，沒有後臺，在這樣一個陌生的環境裡，在這樣一種全新的生活中，要想混出個模樣，全得靠自己。親兵可以作為起點，可以作為跳板，只要有一線機會和希望，就要百倍努力，才能大展雄才。

　　因此，逆境反而激發了朱元璋高昂的鬥志，他處處尋找發光點，時時表現發光聲，刻刻展現發光源。具體表現有二：

**一、訓練突破瓶頸不言苦。**

　　俗話說：「養兵千日，用兵一時。」行軍打仗，如何「養」、如何「練」是關鍵，郭子興也是個有理想、有目標的人，為了朝著更高更遠更大的目標發展，他常常組織手下在「休戰」時期，進行強化訓練，以達到每位士兵都驍勇善戰的目標。而朱元璋在訓練中表現非常出色，展現了一名軍人特有的素養。他不但各項訓練任務都能完成得出類拔萃，而且還常常自我加壓，獨自一人在訓練場上加班到天亮，很快，擒拿等基本功和

各種作戰能力都高人一等，大有鶴立雞群之感。朱元璋的表現，「老闆」郭子興看在眼裡，記在心裡。

## 二、分內分外不言功。

為了考驗朱元璋的臨場發揮和實踐能力，郭子興在行軍打仗時，有意把他帶在身邊。作為護衛親兵，朱元璋的主要職責就是保護元帥的安危。結果朱元璋的表現再度讓郭子興眼前一亮，他盡職盡責，在戰場上經常保護郭子興的安全，立下了很多功勞。一天，郭子興帶領親兵營出城巡查，卻不料偶遇一大股元軍，因為事發突然，想要迴避已是不可能。而這時元軍也發現了敵情，立即圍攏過來。郭子興身邊只有這麼一點親兵，情況十分危險。朱元璋見狀，突然拔出腰刀，一個「大鵬展翅」，硬生生地向元兵撲去。刀光閃處，元軍人頭紛紛滾落於地，一瞬間就倒下去十多個。受此鼓勵，其他親兵士氣大振，吶喊著一起衝向元軍。那元軍原本只是因為飢餓，想來「掠草谷」，突然看見朱元璋等人這般英勇，嚇得心驚膽顫，哪裡還有心思應戰，在一片「扯呼」聲中，灰溜溜地撤了。也正是因為這樣，朱元璋很快被郭子興提升為九夫長（隨身侍衛親兵的小頭目，相當於班長），這離朱元璋加入義軍僅僅一個多月時間。

# 「駙馬爺」誕生記

朱元璋的非凡表現，除了受到郭子興的器重外，還得到了一個人的寵愛，這個人便是郭子興的二夫人張氏。張氏是個有見識的人，她對朱元璋這位「後起之秀」特別喜歡。一天，張氏把郭子興服侍得服服帖帖、舒舒服服的，然後才說出了自己內心的想法：把養女馬秀英嫁給朱元璋。理由：朱元璋是個非同尋常的人物，把養女嫁給他，把他納為家人，讓他死心塌地地為元帥效忠，可以成就大業啊！

原來郭子興的兩個妻妾都姓張，大張夫人生了三個兒子，可惜老大戰死了，只剩了老二郭天敘和老三郭天爵，而小張夫人除了生了一個女兒外，還收養了一個女兒。

郭子興的養女姓馬，閨名秀英，她不但出身寒微，而且身世淒涼。她的父親馬公原本是宿州閔子鄉新豐里的大地主，他和一般為富不仁的地主不一樣，是個疏財仗義、秉性耿直的人，喜歡廣交天下豪傑，朋友五湖四海皆有，郭子興便是他的八拜之交。然而，因為一次糾紛，他在家鄉殺了人，徹底改變了命運。為了不吃官司，他只好選擇了亡命天涯。

馬公的妻子鄭氏早亡，此時，他唯一放心不下的就是他的女兒，再強悍的男人也不能忍心不顧自己的孩子，自己這一逃，只怕女兒被官府捉去「替罪」。也正是因為這樣，他沒有將女兒留給親戚，而是帶著一起逃。

然而，帶一個女兒逃亡畢竟不是兩全之策，有諸多不方便，而且在

逃亡過程中飢一頓飽一餐，吃了上頓沒下頓，長此下去，終究不是辦法，危急時刻，馬公想到了郭子興。他不惜冒險抱著女兒去找郭子興。郭子興也是個有情有義的人，他和他的二夫人張氏留下了馬公託付給他的女兒。郭子興本想要馬公也留下，但馬公為了不連累郭家，毅然決然地選擇了「遠遁江湖」。就這樣，淚眼中止步於郭府內宅門口的那個模糊身影是馬秀英對父親最後的印象。她再也沒有等到父親接自己回家的那一天，因為馬公沒過多久便死了。從此，馬秀英便成了郭子興的養女，過上了一種全新的生活。

光陰荏苒，一轉眼，馬秀英已由黃毛小丫頭變成了亭亭玉立的大姑娘。她已經二十歲，在那個普遍早婚的年代，她的年齡已經很大了。

平日裡郭子興為「事業」奔波操勞著，也無暇顧及馬秀英的終身大事，但養母張氏卻對馬秀英關愛有加，睜大了雙眼，時刻物色著合適人選。此時朱元璋的出色表現，讓張氏驚喜交加，這不正是養女婿的最佳人選嗎？也正是因為這樣，她經過一番掂量之後，決定將養女嫁給朱元璋。

然而，此時的朱元璋雖然能力出眾，但也只是個小小的九夫長，郭子興會同意把他的「金枝玉葉」嫁給朱元璋嗎？張氏沒有把握，於是乎，選擇了走「溫柔鄉」這條路線。

出乎張氏意料的是，她說出自己的想法後，郭子興幾乎連「考慮」這道程序都免了，直接同意。張氏一聽，臉上笑開了花，抱著郭子興又親又啃，道：「老爺真是慧眼識珠，成人之美啊！」

其實張氏只知其一，不知其二。郭子興除了慧眼識珠，知道朱元璋是個人才外，還有一個原因就是「迫不得已」。

原來，在朱元璋的努力下，郭子興「兵益甚」後，卻引來了一雙雙嫉妒的目光。這些人便是和郭子興一起揭竿而起，一起喝血酒結成八拜之交，一起占領濠州城的「五虎上將」孫德崖等人。

　　當然，起義之初為了不讓元軍個個擊破，才選擇了「拼軍」，表面看起來他們就是一支整體部隊。然而，實際上各自統領各自的軍隊，只是在攻堅克難時，相互協助，相互支援而已。用一句話來形容就是「戰則合，不戰則分」。

　　剛開始因為形勢需要，大家還能和平共處，但攻下濠州後矛盾就突顯出來了。孫德崖等人當初是迫於無奈才起義的，他們乃井底之蛙，目光短淺，只是想自保於一方，有口飯吃，有件衣穿，別無他求，更別說推翻元朝建立新的政權了。他們的心裡繫著的是家庭，因此過的日子是「今朝有酒今朝醉」，奉行及時行樂主義。他們對軍隊的要求也很鬆散，縱容軍隊燒殺搶劫，姦淫擄掠。

　　而郭子興就不一樣了，他有遠大的理想和抱負，心裡繫著的是天下。

　　因此，孫德崖等人的種種行為，在郭子興眼裡都是難以忍受的。他有時善意地提醒幾句，但得到的卻是蔑視、漠視和冷視。長此以往，郭子興對他們也是睜一隻眼閉一隻眼，畢竟大家各自擁有各自軍隊的指揮權，他只有建議權，沒有指揮權。

　　原本以為就這樣大家各行其道，井水不犯河水，相安無事就行了。然而，因為「志不同」，郭子興對孫德崖等人採取的標準是「不相為謀」，孫德崖等人議事的時候，郭子興常常藉故不去參加。而一旦有軍事行動，他也是選擇單獨行動。長此以往，孫德崖等人對郭子興由不滿轉變成了懷疑。小農思想作怪下，他們開始處處提防起郭子興來。

　　而郭子興在徹底對孫德崖等人失望後，把希望都寄託在了半路出家

的朱元璋身上。自從發現朱元璋不凡的軍事才能後，他將其從親兵升遷為九夫長，隨後對他大加器重，有時候甚至直接叫他代替自己帶兵作戰。

朱元璋足智多謀，又仗義大方，每回得到了戰利品，都交給元帥「充公」。而得到了郭子興的賞賜，朱元璋沒有像其他頭目只顧自己，而是論功行賞，把賞錢通通分發給手下，使得大夥兒千恩萬謝地為他賣命，服服帖帖地聽命於他。都說人心齊、泰山移，這樣上下一心，朱元璋帶的親兵往往在戰鬥中所向披靡，聲譽和威望接踵而至，兵力擴展也可以用日新月異來形容。而朱元璋只不過是郭子興的手下，水漲船高，郭子興在軍力得到提升的同時，聲譽和威望也隨之提高，總之一句話：郭子興從此「兵益甚」。

孫德崖等其他四位元帥眼看郭子興的威望明顯壓過了他們，態度馬上由不滿變成了嫉恨，視郭子興為眼中釘、肉中刺，恨不能除之而後快。

本是同根生，相煎何太急！郭子興自然知道自己的處境，為此，他只有牢牢控制住「棟梁」朱元璋，才能保全自己。因此，當張氏提出要義女馬秀英和朱元璋聯婚時，郭子興如同醍醐灌頂，撫掌大笑道：「妙極，妙極，收朱元璋為女婿，一石二鳥，一舉兩得，還是夫人高明啊。」

只是他笑著笑著，突然黯淡了下來，目光從張氏身上收回，然後望向遠方，良久，喃喃道地：「只是不知道朱元璋這小子願不願意呢？我們總不能來亂點鴛鴦譜吧？」

其實郭子興的顧慮並非毫無來由。原來，郭子興的養女馬秀英無論相貌，還是品德都是超人一等的，唯一的缺陷就是她有一雙超級無敵的大腳。而馬秀英之所以遲遲沒有成家，一則是因為繼父的家庭條件太好，對女婿的要求過高，條件過於苛刻；二則跟這雙超級無敵大腳也有或多或少的關係。

馬秀英的腳究竟有多大我們不得而知，據說明朝建立以後，曾經就有這樣的好事者在燈會上亮出了一道燈謎，謎面是一個懷抱西瓜的大腳女人，謎底是「淮西大腳女人」，暗諷馬皇后有雙大腳。結果此謎語恰恰落在朱元璋的手裡，他在大怒之下竟要將掛著此燈謎的那條街上所有的人家通通斬殺，幸好被善良的馬皇后及時勸阻。那條街因此被京城百姓稱為「滅街」，又訛為「篾街」。

　　現代人聽說裹腳都覺得太不人道，但我們要知道，在古代，漢族女人的裹腳風氣由來已久，據說始於南唐後主宮妃窅娘，又說在此之前雖不曾明確裹腳，卻也認為女人雙足纖巧才美觀，可以說早就為裹腳埋下伏筆了。到元朝的時候，漢女裹腳已經靡然成風，世上人看女子美不美，首先看的不是面貌風姿，而是看她有沒有一雙好小腳。不裹腳的女子往往是嫁不到有財有勢的丈夫的。因此但凡是成個規模的人家，都要咬緊牙關讓女兒裹腳，淮揚一帶風氣更盛，流行「『三寸金蓮』得富貴」。

　　郭家作為安徽地方的大富財主，家中女子當然都是要裹腳的。可是他的養女馬秀英卻偏偏有一雙沒有纏裹過的「天足」。原因是馬秀英自幼喪母，父親馬公根本不知道如何照料女兒，結果就耽誤了裹腳的最佳時機。在那個年代不為女兒家裹腳，其嚴重程度不亞於毀了女孩兒的容貌，完全可以算是一種「不負責任」的行為。但是馬公的「不負責任」卻是情有可原的，畢竟他既當爹又當媽，身不由己，照顧不過來啊！就這樣，大腳成了馬秀英美中的唯一不足。

　　此時郭子興提到了馬秀英的軟肋，顯然也是怕貿然前去和朱元璋提親，鬧成不必要的尷尬。然而張夫人接下來的一席話徹底打消了郭子興的憂慮。她的話歸納起來有三點：第一點，論相貌，我們家女兒可以用閉月羞花、沉魚落雁來形容。比起朱元璋那張尖嘴猴腮、豬腰

子臉不知道要強幾百倍。論相貌朱元璋先輸一陣。第二點，論家世，我們家女兒乃是金枝玉葉，朱元璋最開始還是乞丐，後來成為和尚，現在也不過只是一個九夫長。論家世再輸一陣。第三點，論才氣，我們家養女聰明伶俐、知書達理，自然也不比朱元璋差。論才氣可謂平分秋色、不分伯仲。結論：相貌占優，地位占優，才氣不差，唯一在腳上略遜一籌，優劣相抵，我們家養女嫁給朱元璋，那是「遷就」朱元璋了，那是「委屈」馬秀英了。

事實證明，張夫人的話的確分析得相當透澈。因為當郭子興叫來朱元璋小心翼翼地提起這件事時，朱元璋同樣毫不猶豫地把頭點得像雞啄米。

這真是踏破鐵鞋無覓處，千里姻緣一線牽。郭子興大喜，擇吉日為他們舉辦了一場極為隆重的婚禮，從此，黑馬王子變成了白馬王子，將士們改稱朱元璋為「朱公子」。從此，朱元璋嶄露頭角的時候到了。

# 第五章

# 在夾縫中生存

# 患難夫妻

前面已經說過，朱元璋十七歲流浪時，為了解決飢餓問題，曾當著師兄們的面表演了「畫餅充饑」的精彩故事。卻不知道，他當了郭子興的女婿後，他的老婆馬秀英馬上為他上演的是「烤餅充飢」的動人故事。

朱元璋當了郭子興的女婿後，在感嘆找到家的感覺真的很美時，對郭子興也是知恩圖報，凡事親力親為，不求最好，但求更好。這樣一來，郭子興對朱元璋這個女婿更加刮目相看，更加信任有加，據說到了「軍中大小事都找他進行商量」，然後再實施的地步。

就在朱元璋和郭子興的關係達到一個前所未有的高度，向著「欣欣向榮」的地步進一步發展時，卻遇到了阻力。這個阻力來自郭子興的兩個寶貝兒子，也就是朱元璋的大小舅子。前面已經說過，郭子興一共有三個兒子，大兒子是元配夫人大張氏所生，他彷彿和郭子興是一個模子印出來的，最勇猛，最有膽識，然而，他福大命卻不大，在一次戰鬥中，因為殺得過了火，不幸遇難。二兒子郭天敘和三兒子郭天爵都是大張夫人所出，雖然這兩個兒子長得那是貌勝潘安，但用郭子興的話來說，一點兒都「不類己」。原因是兩人不但鼠目寸光，而且心胸狹窄。這時，看見朱元璋從一個小和尚突然鯉魚躍龍門，成了他郭家的女婿，而且被父帥捧在手心怕掉了，含在嘴裡怕化了，當然不高興了。並且很快從不高興演變成不相融，從不相融變成了不相容。為此，他們兩人充分發揮伶牙俐齒的特點，常到郭子興身邊坐坐，說的好聽那叫吹耳邊風，說的不好聽那叫進讒言。

專橫、驕恣、目中無人、目無王法 —— 讒言之所以會成為讒言，說的人多了，說得久了，就自然成了讒言。剛開始，郭子興認為他們的話不值一哂，有時還忍不住責罵兩個寶貝兒子一頓。然而，「爾無共怒，協比讒言予一人」。郭氏兄弟依然不依不饒，一個唱紅臉，一個唱白臉，在郭子興面前演雙簧。「世道難於劍，讒言巧似笙。」時間一久，雙簧的效果也彰顯出來了，生性本來就有點多疑的郭子興漸漸對朱元璋懷疑起來，並且很快爆發了。

有一天，朱元璋為一次軍事行動與郭子興據理力爭。因為是「力爭」，態度不可能會好到哪裡去，因此自然臉紅脖子粗了。而這一次郭子興固執己見，堅決地認為自己的方案是正確可行的，朱元璋卻認為按他的方案行動，那是要誤大事的，是行不通的。結果，爭來爭去，兩人誰也不相讓。

就在這時，郭氏兄弟來煽風點火了：「朱元璋現在就這樣霸道了，將來要是翅膀硬了，那還不飛上天了！」

「是啊，翅膀硬了，我這根老骨頭也要被踩在腳下了。」郭子興震怒了。都說人類一思考，上帝就發笑；上帝一發怒，人類就遭殃。這時的郭子興對於朱元璋來說就是「上帝」，因此郭子興一發怒，朱元璋自然要遭殃了 —— 被關進後院的柴草房裡。

郭天敘和郭天爵眼看陰謀得逞，很是高興，馬上來了個「假傳聖旨」，以郭子興的名義給看管人員下令，不准送飯送水給朱元璋。意圖很明顯，想活活餓死朱元璋。天下沒有不透風的牆，很快馬秀英便知道了朱元璋被關押挨餓的事。馬秀英急得二話不說便往廚房裡跑，看到有剛出爐的烤餅，來不及多想，拿了張大餅想去給朱元璋吃，哪知剛出廚房，就和一個人撞了個滿懷。

「喲噢，哪個該死的下人，沒長眼睛，連我也敢撞啊！」小張夫人抱著膝蓋一邊揉一邊怒罵。

「娘，對不起。我……我不是故意的。」馬秀英囁嚅道。

「啊，英兒，怎麼會是你……」小張氏見是馬秀英，吃了一驚。

「嗯，那個，我……」馬秀英道，「我剛才出來轉轉，不想撞著娘了。」馬秀英怕小張夫人看到她手中的那張餅，一邊搪塞著一邊隨手將滾燙的餅塞進了懷裡。

小張夫人那是何等人物，見馬秀英神情慌張，早已猜到了幾分，故意跟她拉起家長來，想要她自行「交代」。

圍棋中最忌諱的便是下隨手，往往一個隨手，導致好局痛失。此時，馬秀英也在責備起自己的「隨手」來，因為自隨手把烤餅塞進懷裡後，她就後悔了。那烤餅燙得她的胸前的肌膚火辣辣的，又痛又癢，實在難以忍受。於是，她勉強和小張夫人答了幾句，便匆匆而去。結果，小張夫人一路跟隨馬秀英，很快就看到令她極為震驚的一幕：馬秀英衝到關押朱元璋的柴房，解開衣襟，拿出熱氣騰騰的烤餅給朱元璋吃。

小張夫人被馬秀英的舉動震撼了，感動了。事後，她一面替馬秀英敷藥，一面派人給朱元璋送飯。然後，再對郭子興進行攻心：「元帥，這幾日沒看見元璋，是你派他出差去了吧？」「他太不像話了，被我關押起來了。」郭子興今晚的心情很好，因此，很快把實情相告了。「俗話說，虎毒不食子。元璋還年輕，難免會犯一些錯誤，您大人有大量，要海涵他才對。他好歹是你的女婿，要是元璋有個三長兩短，秀英怎麼活？我們以後靠誰來打天下？」眼看小張氏沒完沒了地說下去，郭子興

趕緊打斷道：「行，行，行。你的意思我都懂了，這大道理說多了我頭暈，我這就放人還不行嗎？」

就這樣，朱元璋成功地躲過一劫。

# 壓艙石與絆腳石

郭子興在招朱元璋為女婿的同時，日子並不好過，他與孫德崖等其他四個元帥的爭鬥趨於白熱化了。朱元璋看在眼裡急在心裡，知道這般下去於義軍不利，於是，他很快教會了郭子興兩個關鍵語。

一是「千里之堤，潰於蟻穴」。解析：最堅強的堡壘往往從內部被攻破，濠州城雖然是五王並列，但好歹都是起義軍，不能搞內部爭鬥。任何一個人從起義軍中分離出來，都會對軍隊造成大的影響，而被元軍個個擊破。

二是「忍一時風平浪靜，退一步海闊天空」。所以我們要以大局為重，放下架子，忍一忍，照常去參加會議，與孫德崖他們打成一片，以免那四人把事辦砸，使起義軍遭受滅頂之災。

郭子興聽從了女婿的建議，又開始參加「五王首腦會議」。剛開始孫德崖等四人見郭子興肯屈就，也有點兒收斂，對他又恭敬起來。然而，郭子興是火暴脾氣，他如果不在現場，不知道實情那倒也罷，一旦在現場，看到四位元帥在作戰計劃上有問題時，眼裡揉不得沙子的他便忍不住要說出口。結果可想而知，這很快就由「說」變成了「吵」，由「吵」變成了「爭」，由「爭」就成了「鬥」，鬥的結果是四人對郭子興橫眉冷對，怒目而視。

結果，很快郭子興又拒絕參加他們的議事。這樣一來，郭子興和他們四人又陷入了長久的「冷戰」。就在這樣的節骨眼上，兩個外人的加入，對郭子興和四人矛盾進一步激化造成了推波助瀾的作用，很快由「冷戰」變成了「熱戰」。

這兩個人便是趙均用和彭大。

趙均用和彭大原本是「芝麻李」手下的左膀右臂。話說元至正十一年（西元 1351 年）五月，劉福通在潁州領導紅巾軍起義後，各地紛紛響應。當年八月，蕭縣人李二，曾以家中芝麻賑濟饑民，因而得到一個響噹噹、亮晶晶的綽號 ——「芝麻李」。劉福通起義後，「芝麻李」與趙均用同時響應，聯繫貧民彭大等八人，歃血為盟，很快在徐州發動了起義。八月十日，「芝麻李」等八人，偽裝為挑河夫，乘夜投奔徐州城。四人入城，四人留在城外。至四更，城內四人點起火來，齊聲吶喊，城外四人也點起火響應，內外呼應，城中大亂。城中四人奪守門軍武器，外四人也乘勢衝入，同聲叫殺。天明又豎大旗募人從軍，應募者至十餘萬。於是四處作戰，占有徐州附近各縣及宿州、五河、虹縣、豐、沛、靈璧，西至安豐、濠、泗。徐州是修治黃河的地區，民夫聚集，人心不安，起義軍因而得到迅速的發展。這裡是黃河與運河交會的要衝，農民軍占據徐州，對元朝政府是極大的威脅。

徐州及各屬縣均被起義軍占領，起義軍一再擊敗前來鎮壓的元軍。至正十二年（西元 1352 年）九月，元丞相脫脫親率大軍前來鎮壓，幾天圍攻不克，脫脫令以巨石為砲，日夜轟擊，終於破城。徐州城破，「芝麻李」成了「祭城」之人，而彭大、趙均用率紅巾軍餘部在走投無路的情況下，選擇投奔濠州而來。

朱元璋極力不主張收容彭大和趙均用。理由有二：一是他們是走投無路才來投奔的，不是真心相投；二是小小的濠州現在已經是五王並存了，再來兩位元帥級人物，豈不是要來個「七虎鬧濠州」？然而，當時的朱元璋儘管是郭子興的女婿，但地位低微，所言更是輕微，根本沒有人會聽，更別說採用了。

因此，彷彿故意和朱元璋作對似的，「濠州五虎」很是歡迎彭大和趙均用的到來。結果彭、趙兩人的到來，更加激發了郭子興與孫、俞、魯、潘四人之間的矛盾。

郭子興和其他四人都想借新來的彭、趙兩軍勢力來壓制對方，於是無所不用其極，對兩人又是眉目傳情，又是投懷送抱，又是攀親附貴，總之，大有家花不如野花香之勢。當然，彭大和趙均用也不是吃素的。兩人雖然是「芝麻李」手下最為得力的雙子星座，但一到濠州城便原形畢露，一個驕橫，一個狡詐；一個自大，一個自滿。總之，很快便分道揚鑣，各為其主起來。

一陣糖衣砲彈之後，局勢很快就明朗化了。重新洗牌的結果是形成了以郭子興聯合彭大組成新的實力派「雙子星座」和趙均用加入孫德崖等四人組成新的偶像派「五人幫」。

一山不容兩虎，一城不容二主，既然「雙子星座」和「五人幫」誰也不服誰，誰都想唯我獨尊，接下來便馬上上演了「雙子星座」和「五人幫」之間的較量。如果說以前還是停留在「冷處」「暗處」的話，接下來便是「明處」「實處」了。

率先出招的是「五人幫」。

主謀：孫德崖。

副主謀：趙均用。

方案：綁架。

時間：至正十二年（西元 1352 年）十月的一天。

地點：濠州城鬧市。

人物：郭子興。

事件還原：這天，郭子興「宅」在家裡覺得很無聊，便決定到街上走走，散散心，順便體驗一下民情。結果很快被琳瑯滿目的商品吸引，於是，他穿梭在其中流連忘返。而等他「知返」，走到一條小巷子時，突然身後閃出幾個五大三粗的漢子，朝著他圍逼過來。郭子興大驚，剛要叫喊時，那幾個人二話不說，用袋子往他頭上一套，他眼前一黑便什麼都不知道了。等他眼前一片明亮時，發現自己處於一個陰暗潮溼的地窖中。

結果：失去了郭子興這個主心骨，郭子興的部隊及郭家竟一時茫然無助，不知道如何辦。

救火隊員一：馬秀英。就在大家手足無措的時候，關鍵時刻馬秀英派人快馬加鞭地把這個消息告訴了正在淮北前線的朱元璋，並囑咐他千萬不能露面。

救火隊員二：朱元璋。在前線的朱元璋得到消息，立即連夜帶著人趕回。臨行時，有人對他進行了勸告：「連郭元帥都被抓了，你現在這樣回去，不是明智的舉動，是自投羅網啊！」朱元璋堅定地說：「俗話說，忠義真豪傑，節烈大丈夫。郭元帥對我有知遇之恩，有提攜之德，有翁婿之情，現在他身處絕境，就算是刀山火海，我也要回去營救。在這裡，只能是坐以待斃。」朱元璋連夜潛回來後，偌大的郭府除了一些老弱婦幼竟然空空如也。一詢問才知道，原來，郭家自從郭子興被綁架後，害怕「五人幫」再來一網打盡，郭家男子馬上來了個「隱遁」，都躲起來了。朱元璋找到了郭天敘和郭天爵等人，詳細詢問了相關情況後，說了句這樣的話：「解鈴還需繫鈴人，趙均用之所以敢在太歲爺頭上動土，很大一部分原因是彭大，現在該是請彭大出山的時候了。」

救火隊員三：彭大。請彭大的說服過程可用八個字來形容——曉之

以理，動之以情。結果雙子星座也不是浪得虛名的，彭大很快就拍板，接下來華山一條道，三個字——救人去。

　　解救過程：朱元璋和彭大各帶一隊親兵，很快把孫德崖的元帥府包圍得嚴嚴實實，孫德崖和趙均用正在享用「慶功宴」，哪裡料到朱元璋等人敢這樣直接地來解救人質，聽得聲響，慌忙組織士兵進行抵抗。朱元璋根本沒有給他們可乘之機，馬上發揮勇猛精神，翻牆破門而入，並且以迅雷不及掩耳的速度斬殺了負隅頑抗的孫德崖的祖父母。

　　孫德崖和趙均用見狀嚇得想溜之大吉，卻被朱元璋逮了個正著。結果孫德崖與趙均用為了活命，只得放了郭子興。

# 嶄露頭角

　　話說綁架風波後，被救出來的郭子興自然很是惱怒，盤算著如何給孫德崖和趙均用一點顏色瞧瞧。然而，郭子興還沒有什麼行動，元軍的行動倒是先來了。

　　原來元軍自從打敗徐州的「芝麻李」的軍隊後，決定再接再厲，把目光瞄準了濠州的軍隊，並且很快付諸行動。在元將賈魯的帶領下，五萬元兵浩浩蕩蕩地向濠州城出發，並且上演了「圍城」的壯舉。

　　可以說濠州面臨生死存亡的危急時刻了，也正是因為這樣，濠州城的內鬥只能先告一段落，眼下共同對抗強敵才是重中之重。郭子興等「七虎」劃分了防守的「責任區」，劃分了防守的「責任人」，制定了作戰的「約法三章」，制定了防禦的「葵花寶典」，商定了互相救助的「緊急避險預案」。結果效果很明顯，元軍雖然多達數萬，但對於防守嚴密、固若金湯的濠州城也是毫無辦法。

　　但元軍沒有灰心，沒有氣餒，也沒有放棄，對濠州城進行了長期的攻城。結果一個攻得精彩，一個防得精妙，就像一個矛和一個盾一樣，這一耗就是七個月。

　　七個月，濠州城的防守也到了強弩之末了，在缺衣少彈的情況下，城池隨時都有被元軍攻克的可能。然而，就在這個關鍵時刻，元軍主帥卻頂不住了，來了個暴病身亡，結果使得七個月的努力全部打了水漂。至正十三年（西元 1353 年）夏天，元軍在群龍無首的情況下，選擇了退回徐州「自保」，結果濠州「自救」成功。

古人云：共患難易，同富貴難。元軍一撤，軍隊很快便接著進行窩裡鬥。結果彭大自稱魯淮王，趙均用則自稱永義王，而濠州元老級人物郭子興和孫德崖依然為元帥，並且還要受他們節制。當真印證了「後來者居上」這句話。

　　濠州城裡「七虎」整天鬧得不可開交，而「和事佬」朱元璋在其中百般勸解未果後，知道他們都是鼠目寸光之人，很難有所作為，便產生了另立門戶的想法。於是乎，他馬上向郭子興進行了攻心策略，八個字：招募新兵，再圖發展。

　　郭子興也知道眼下的局勢，當時不但特批朱元璋的請求，而且還給了他大量金銀珠寶，以當軍資之用。可謂動用了老本了。

　　至正十三年（西元 1353 年）六月，朱元璋回到離別一年多的鍾離老家，做了兩件事：一是祭祀父母，二是招募新兵。

　　雙管齊下，效果是看得見的，短短十來天，便有七百多人參加了這個大家庭。這其中還包括朱元璋兒時的放牛夥伴徐達、周德興等人。當真是「赤幟蔽野而盈岡」。

　　圓滿完成招募任務後，朱元璋便帶著這批招得的七百多名新兵，昂首闊步地回到了濠州。郭子興一看，很是高興，高興之餘便把朱元璋升為鎮撫，新招募的七百多人也交給他率領，接著，又升他為總管。

　　朱元璋對這些親兵很是重視，親自進行訓練，以達到「精兵」的效果。然而，就在朱元璋操練得熱火朝天時，濠州城「七虎」的爭鬥也熱火朝天，已經更新到了水火不相容的地步了。

　　朱元璋很快對濠州城得出這樣的結論：長此以往，作繭自縛，夢斷前程。為了不夢斷前程，朱元璋再次果斷地做出決定，脫離濠州這個是非之地，另拓根據地。

當然，朱元璋「單飛」前，再度做出大膽的決定，從七百人中精挑
細選了二十四個有膽有識能武會藝的佼佼者，如徐達、周德興、吳良、
吳禎、花雲、陳德、顧時、費聚等人，請大家記住他們，在以後的戰場
上，他們還有很多發光的時候，他們跟著朱元璋南征北戰，立下了汗馬
功勞，史稱「二十四將」。

# 帶病立功

　　天有不測風雲，就在朱元璋帶領二十四人「奔前程」時，卻來了個「出師未捷身先病」。在路上，朱元璋突患重病，昏迷不醒。最終，只能選擇打道回府 —— 濠州。

　　這一病可不輕，儘管馬夫人整天衣不解帶，悉心照顧，然而，半個月過去了，仍不見好轉。這天，朱元璋正躺在床上靜養，卻被一聲清脆的嘆息聲驚醒，朱元璋心中一動，問馬夫人道：「這好像是大帥的聲音，不知為何這般長嘆？」

　　馬夫人本來不想讓朱元璋分心，但見朱元璋一臉的期待，只好道出了實情：「父帥最近是為了定遠張家堡驢牌寨歸降的事擔憂。」隨後說出了詳情，驢牌寨寨主是郭子興的舊交，有三千多兵馬，但現在卻是「一旅孤軍」，為了解決眾弟兄們的溫飽問題，想來投奔，卻因為濠州城裡七王並立，感到很害怕，因此猶豫不決。郭子興想派人去說服，但一時找不到合適的人選，因此才會「白髮三千丈，緣愁似個長」，整天唉聲嘆氣。

　　「這麼大的事，怎麼不早告訴我？」朱元璋一聽，馬上從床上爬起來，拖著病弱的身子去見郭子興，並且表明了自己的觀點：一是機不可失，時不再來。這次是天賜良兵，不能白白錯過機會。二是打虎親兄弟，上陣父子兵。他很願意去招兵。郭子興聽後驚喜交加，也很快表明了自己的觀點：一是你做事我很放心，你當然是最佳人選；二是你身體有恙，我還是另外找人吧。

　　對此，朱元璋重申了自己的觀點：一是我只是一點兒小病，不礙

事；二是機不可失，時不再來，不要因為人選問題把事情拖得太久，以免攪沒了。

對此，郭子興除了感動外，還能說什麼？只有點頭的份兒了。當問朱元璋帶多少人馬去時，朱元璋伸出雙手。

「一萬？」郭子興問。

朱元璋搖搖頭。

「一千？」郭興子再問。

朱元璋搖搖頭。

「一百？」郭子興接著問。

朱元璋仍然搖搖頭，堅定地說：「這是去說服，不是去打仗，有十人就足夠了。」

「但這樣太冒險了。」

「不入虎穴，焉得虎子。」

看著朱元璋遠去的背影，郭子興讚嘆道：「真勇士也！」

盛夏時節，烈日炎炎，馬不停蹄的朱元璋拖著病弱的身子，一路狂奔，差點中暑。但他還是堅持到達了寶公河畔。此時的寶公河水清又清，一片生機盎然。朱元璋卻無心看風景，無心領略這水帶來的美感，他的眼睛注視著隔河相對的驢牌寨。

就在朱元璋看驢牌寨的「風景」時，驢牌寨的人也在河對岸看朱元璋。可惜都是大老爺們，看著看著，眼神越來越不溫柔，最後驢牌寨的兵士們最先發作了，一聲長嘯，士兵操起傢伙，從軍營中衝出來，擺出的是長蛇陣。冷冰冰寒氣逼人的刀劍一致對著朱元璋等十一人。總之一句話：氣勢逼人。

朱元璋的隨從們哪見過這等陣勢，嚇得個個屁滾尿流，都想溜之大吉。關鍵時刻，朱元璋造成了定心丸的作用。他站出來，說了這樣一句話：「敵眾我寡，逃是逃不掉的，只有挺身而上，放手一搏，才有生的轉機。」

　　朱元璋精挑細選的隨從自然不會差到哪裡去，很快就穩住了陣腳。於是乎，朱元璋和對方來了個橫眉冷對。

　　相持的結果是，不多時，對方率先忍不住了。他們營中閃出兩個將領模樣的人，開始喊話：「喂！你們要幹啥子咯？」

　　朱元璋見狀，叫隨從費聚回喊：「哎，哥哥要過河，哪個來推我嗎？」「我來推你，你是哪個？」「我來問你，你曉得今日我為何要過河？」費聚道：「我們是濠州郭子興派來與貴寨主商議大事的。」

　　那人一聽，不敢怠慢，趕緊回營稟報去了。約莫過了一盞茶的工夫，才又出來，接著大聲喊道：「請下馬步行過來！」

　　朱元璋掙扎著有病之身下了馬，費聚一來見朱元璋走路很吃力，二來怕對方有詐，於是好意提出代替他前往。哪知，朱元璋怒喝道：「我們一同來到這裡，榮辱與共，生死與共，不存在代替與不代替的問題，現在關鍵的問題是如何過好河、辦好事。」

　　說完，兩人便一同過了寶公河。

　　等到了寨子裡之後，對方主帥出迎，客套過後，朱元璋對他說：「我家元帥與閣下是舊交，這次聽說閣下缺乏糧草，別人想趁機來攻擊閣下，因此特意派我來到這裡，希望將軍能跟隨我一起回濠州和我家元帥共舉大事。當然，如果你實在不想去，那也要立刻移兵別處，以避災難才是上策啊！」「當然是去投奔你們元帥，一起共續舊緣了。」寨主幾乎連想都沒有想就答應了，隨即又道，「還請閣下留一信物，作為憑證如

何？」朱元璋當下便解下一直佩戴在身上的香囊，交給了寨主。對方則獻上了牛脯作為回贈。末了，寨主說了這樣一句話：「請您轉告郭公，等俺收拾好金銀細軟，便馬上來濠州。」

就這樣，朱元璋憑著三分膽識、三分機敏、三分才智很快搞定了驢牌寨。事情按正常發展，可以圓滿地畫上一個句號了。然而，僅僅過了三天，費聚就給朱元璋帶來了一個不好的消息：驢牌寨變卦了，準備「單飛」。

朱元璋一聽，又從正在休養的病床上跳起，立即帶上三百精銳騎兵到驢牌寨，於是乎，他和寨主上演了第二次單兵較量。

寨主依然先發制人，厲聲道：「閣下帶這麼多人，是想綁架還是勒索呢？」

朱元璋道：「既非綁架，也非勒索，而是前來助陣。」

「此話怎講？」

「我家元帥說你曾被別人欺負了，要去報仇，又怕你人手不夠，而導致仇沉海底，因此，特派遣我帶了三百人馬前來助你一臂之力，報完仇，是去是留悉聽尊便。」

面對朱元璋的唬弄，寨主也不是死腦筋，一邊在表示感謝的同時，一邊時刻提防著他們。朱元璋知道言語只能糊弄一時，而實際行動才可能改變一切。於是，朱元璋馬上叫人找來幾十條布袋子，然後選取十多名勇士躲藏在布袋裡，派人推過寶公河，對驢牌寨寨主說：「我家元帥連夜送來軍糧犒勞兄弟們。」

寨主每天吃的都是窩窩頭，好久不曾見過細糧了。聽說有細糧高興地感嘆道：真是雪中送炭啊！於是，馬上出來見「衣食父母」。結果可想而知，當寨主喜不自勝地左捏捏右敲敲時，布袋突然開了，然後十多名

勇士從布袋裡鑽出來。寨主還沒有所反應，就已被綁了個嚴嚴實實，被強行押離驢牌寨。

走出十幾里地後，朱元璋又派人帶著寨主令牌回寨傳話，說寨主已在別處布置營地，請大家馬上起程，立即轉移過去。三千士卒信以為真，呼呼啦啦地出發了，更讓人啼笑皆非的是，後頭部隊甚至還放火燒了營寨。寨主看到手下三千士卒時，哭笑不得，此時除了歸順別無選擇。

至此，驢牌寨歸順事件徹底搞定。接下來，朱元璋沒有小富即安，而是選擇了繼續擴張勢力。憑著手中已有的三千兵馬做後盾，朱元璋恩威並施，很快收降了豁鼻山秦把頭的八百名起義軍。這樣，朱元璋憑著空手套白狼，很快就擁有了一支四千多人的隊伍。

# 降龍計

有了隊伍，該是大幹一場的時候了，朱元璋立即決定率他們去攻打橫澗山。

橫澗山有古、神、靜、幻、奇「五絕」之稱，橫澗山上有個山大王叫繆大亨。這個繆大亨可不簡單，他曾是當地的地主，組織了一支隊伍參加了起義，然而在遭遇元軍的強烈狙擊後，他帶著部隊退駐到了橫澗山，過起了山大王的生活。因為繆大亨為人大氣、豪爽，因此，隨後入夥的起義人士絡繹不絕，部隊人數很快便達到了七萬之眾。

元朝見他的勢力大，便採取了懷柔政策，封他為義兵元帥，並且還派出了所謂監軍，督促繆大亨攻打濠州城的起義軍。

就在元朝瞄上這支「特種部隊」時，朱元璋也瞄上了他們，並且上演了「虎口奪食」的大戰。可按現在雙方的軍力對比，朱元璋的四千人怎麼能搞定繆大亨的七萬人馬呢？

武力解決顯然是下策，弄不好反會被吞沒。智取才是明智之舉。為此，朱元璋一番冥思苦想之後，想出了奇思妙計。於是，「二十四將」之一的花雲被派上了用場，朱元璋命他帶著一百人組成敢死隊，對橫澗山進行偷襲。

而繆大亨也不是等閒之輩，在得知朱元璋「霸占」了驢牌寨等起義軍後，覺得朱元璋是個很危險的人物，於是命令部隊加強了防備，只等朱元璋來送死。誰知「恭候」了半月有餘，卻不見朱元璋有任何動靜，這時，探子也回報說，朱元璋並沒有進軍的跡象，聽到這裡，繆大亨這才

長長地舒了一口氣，說了句這樣的話：「想是朱元璋那小子害怕了，不敢來雞蛋碰石頭了。呵呵，倒是蠻識時務的嘛！」於是，放鬆了警惕，繼續過起花天酒地的神仙日子來。

災難就此降臨。這天晚上，皓月當空，銀白色的月亮普照著大地，繆大亨正在左擁右抱地飲酒作樂，此時此景他忍不住叫道：「今晚的月亮真圓啊！」

「是啊，今晚不但月亮圓，這人頭更圓。」一個聲響過後，一個血淋淋的頭顱已出現在眼前。繆大亨的妻妾嚇了一跳，繆大亨茫然地站起身來，還沒明白是怎麼回事時，突然發現大火四起，將寨裡照得通明，接著廝殺呼叫聲四起。

「不好，中計了！」繆大亨轉身欲逃，卻見眼前出現一個手提青龍偃月大刀的黑臉漢子，他還來不及有所動作，刀已架在了脖子上。

主帥被擒，他們空有七萬大軍卻是投鼠忌器，拿花雲沒辦法，最後眼睜睜地看著花雲押著繆大亨揚長而去。

接下來，該是朱元璋上場的時候了。只見他立即給繆大亨鬆了綁，然後請上座，以禮相待，過程都是老掉牙了，但效果卻是看得見的。很快，繆大亨低下了不可一世的頭顱，說了這樣一句話：「對別人，俺不服；對你，俺服。」

就這樣，繆大亨的七萬大軍一夜之間便歸順了朱元璋。

# 蝴蝶效應

　　話說朱元璋因為接二連三地「招募」起義軍成功，一下子擁有數萬精兵後，帶來的「蝴蝶效應」是，每天來投奔朱元璋的人絡繹不絕，這其中便有地方的土霸王吳復、馮國用、馮國勝、丁德興等人。

　　這裡不妨著重介紹一下來自定遠的馮國用和馮國勝兄弟。據說，第一次見到馮氏兄弟，朱元璋很是好奇地看著他們，上上下下，前前後後，左左右右，直看得馮氏兄弟全身起雞皮疙瘩，好在這時朱元璋發話了：「好一個儒雅俊傑，好一個俊傑儒雅；好一個玉樹臨風，好一個臨風玉樹；好一個……」

　　「得得得，將軍，你看我們中不中，給句話，不然我們另起爐灶。」

　　「緣來就是你。」朱元璋說著，像對待女孩一樣，一手挽一個帶入大堂去了。原來，這馮氏兄弟自幼俱喜讀書，精通兵法。後來看見天下大亂，也幡然醒悟過來，百無一用是書生，於是，馮氏兄弟不惜花巨資請來武師，開始學武。有志者事竟成，馮氏兄弟雖然是半路出家，但在武學方面也展示出不凡的才華，據說馮國勝的箭法尤為出眾，能達到百步穿楊的高境界。當天下群雄並起的時候，馮氏兄弟也在家鄉組織了一些義士，想法很簡單也很單純，四個字：明哲保身。然而，很快，他們的想法就發生了改變，明哲保身只能保一時，卻不能保終生，要想改變這個「保」字，就得先變。於是，他們產生了建功立業的想法。可是，單憑自身力量，又不足以去「闖天下」，於是，兩兄弟一合計，把目光瞄準在近來人氣指數飆升的朱元璋身上。智取驢牌寨，夜襲橫澗山，嚴訓雜牌軍，朱元璋就像一塊

閃光的金子，到處閃爍著光芒。馮氏兄弟覺得朱元璋這樣的「潛力股」和「績優股」在這個魚龍混雜的亂世太難找了，於是決定「入股」。

因此，馮氏兄弟很快就付諸行動，看到兩位秀才打扮、道貌岸然的書生入股，朱元璋當然高興了。他手下現在有了精兵良將，唯一缺乏的就是「智囊團」。坐定之後，馬上演的是「堂中對」。朱元璋首先對馮氏兄弟的到來表示熱烈的歡迎，然後進行了善意的提醒：「股市有風險，入股須謹慎。」最後，才亮出底牌：「請兩位高人指點迷津，當今天下，何以為安定之大計呢？」這也是考驗馮氏兄弟的時候了。

馮氏兄弟首先對朱元璋的熱情接待表示感謝，其次表明了自己的心跡：良禽擇木而棲，賢臣擇主而事。見機不早，悔之晚矣。跟著朱元璋走，前途一片光明。最後，馮氏兄弟「接考」時，三十二歲的馮國用作為代表出來發言，並且說了一句關鍵的話：欲立而根基不穩，欲行則無力為他。解析如下：我們現在良將精兵都有了，規模也初具雛形。最關鍵的是找一個根據地。

「濠州城堅易守，不是個好根據地嗎？」朱元璋「故意」試探地問。

「濠州城外牢而內軟，城裡駐紮七大王，各自勾心鬥角，乃是危城一座，將軍明知其中利害卻故意相激，莫非對馮某不信任，存提防之心？」馮國用說著突然憤怒地站起身來，便欲往外走。朱元璋趕緊拉住他賠禮道歉：「先生莫怪，適才是無心之過，望海涵。我也早知濠州乃是不可久留之地，但無奈天下之大，竟無容身之處啊！」

「天下隨處都可以容身，但要想找到一塊進可攻退可守的地方還得費思量啊！」馮國用喃喃道地。

「先生明明已心中有數，為何不說與元璋聽呢？」朱元璋說著深深地作了一揖。

馮國用見狀長長地嘆了一口氣，道：「你這般虛懷若谷的胸襟令人佩服啊！那我就不再拐彎抹角了，我覺得南面的集慶是個好地方，有龍盤虎踞之勢，自古以來都是帝王建都的首選地。遙想當年，諸葛亮初遊集慶一帶時，發出『鐘山龍蟠，石城虎踞，真帝王之宅』的感嘆。如果我們能把根據地建在集慶，一來地勢險要，易守難攻；二來緊靠江浙糧倉，物產豐富。然後命將領四處攻伐，定能解救蒼生於水火，倡仁義於遠近，展鴻鵠之志，皇圖霸業可成也。」

對話到此，朱元璋只有讚嘆的份兒，十二個字：高屋建瓴，條分縷析，絕世妙論。「如今天下英傑四起，就算占得集慶，又如何才能在亂世立於不敗呢？」朱元璋第二問新鮮出爐，顯然是在問治國之道了。

馮國用聞言定定地看著朱元璋半晌，才慢慢地吐出四個字：德昌勢強。

解析如下：孔子說，所謂君子者，言忠信而心不德。要想平定天下，首先要有良好的道德品行，這樣可以得人心，得人心者才能使之興旺昌盛，得人心者才能得天下；其次要有強大的實力，強者才可以平定四方，強者才能定國安邦。

朱元璋聽後，再度發出這樣的感嘆：聽君一席話，勝讀十年書。

就這樣，馮氏兄弟成了朱元璋的第一批智囊團成員。而馮氏兄弟也沒有令朱元璋失望，後來立下了不少功勞，深得朱元璋器重，然而，馮國用卻英年早逝，至正十八年（西元 1358 年）時三十六歲的馮國用不幸病逝於軍中。朱元璋稱帝後追封馮國用為郢國公，畫其肖像於功臣廟，位列元勛第八位。馮國勝後來因避諱朱元璋「國瑞」的諱，改名為馮勝，他承襲兄職，典掌親軍，風光一時，這是後話。

# 李善長不是傳說

話說馮氏兄弟指點迷津後，朱元璋馬上把目標確定在集慶，然而，欲奪集慶，滁州是必取之地。當然，朱元璋沒有心思像歐陽脩那樣領會「醉翁之意不在酒，在乎山水之間也」的美妙意境，而是冥思苦想著如何占領這個所謂「環滁皆山也」的軍事重地。俗話說：「人倒楣時，連喝口涼水都能嗆著。」而人一旦走起好運來，那也是連門板都擋不住的。這不，就在朱元璋順風順水，勢力日漲千里時，在進軍滁州的途中，又一個人的加盟，讓朱元璋發出「眾裡尋他千百度，驀然回首，那人卻在燈火闌珊處」的感嘆。

這個人便是後來的大明開國第一功臣、「蕭何」式的人物李善長。

李善長，字百室，安徽定遠人。他讀的書雖然不多，頭腦卻很靈活，富有智慧和謀略，而且精通法家學說，適合在司法部門工作。然而，當時的社會環境卻無他的用武之地。元朝末年，劉福通等人造反後，李善長也想組織當地人進行造反，但無奈他一介書生，號召力有限，舉事沒有成功。為了避難，選擇了「小隱隱於野」──到深山中躲藏起來。兩年後，當聽說「後起之秀」朱元璋要攻打滁州時，他沒有再選擇「隱忍」，而是選擇了「復出」。李善長知道自己已到了不惑之年，再不出山建功立業，恐怕一輩子就會這樣碌碌無為地度過了。透過多方面觀察，他覺得朱元璋是一位雄才大略式的人物，於是才會坐在途中靜候朱元璋的出現。

果然，天上掉下個李善長，他不是傳說，朱元璋就像看一件稀奇寶物一樣，左看右看，上看下看，總之一陣亂看之後，心裡嘆道：「天上

掉下個李帥哥，似一朵輕雲剛出岫，只道他腹內草莽人輕浮，卻原來骨骼清奇非俗流，嫻靜猶如花照水，行動好比風拂柳……」李善長卻悠然站起身來，自言自語般道：「此山乃我開，此樹乃我栽，欲從此處過，留下買路財。」

「哪裡來的野驢，敢在你爺爺面前撒野！」就在朱元璋被李善長弄得雲裡霧裡時，他身邊早已衝出一將，手持長槍便要直刺過去。朱元璋心中一驚，急忙阻道：「徐達不可造次！」

徐達手中的槍原本對著李善長便要刺下去，聞得朱元璋大聲喝斥，只好猛勒馬繩，硬生生地停住了手中的槍。

「適才打擾先生清淨，還望恕罪。」朱元璋疾步走上前，對著李善長作了一揖，問道：「敢問先生名諱？」

「大丈夫行不改姓，坐不更名，免貴姓李，名善長。」

「啊，你就是有淮南第一秀才之稱的小李子啊……」原來朱元璋在召集武將時，對文官也是如飢似渴，四處打探，早就對李善長的大名如雷貫耳。此時此地居然見到了他，又驚又喜，便抱拳道：「如今天下大亂，民不聊生，也不知道這種局面什麼時候才能平息下來。朱某不才，卻欲解救天下蒼生於水深火熱之中，先生道骨傲然，極具長者之風，定是仙人下凡，不知肯助元璋一臂之力否？」

李善長原本這般故作清高，只是想試探一下朱元璋，此時見他如此虔誠，這戲哪裡還演得下去啊！趕緊頓首謝道：「恭敬不如從命，李某不才，願效犬馬之勞。」

古來真主百靈扶，風虎雲龍自不孤。就這樣，李善長成了朱元璋的重要參謀。就這樣，朱元璋一下子就有了三位幹才的鼎力相助，文武群

臣皆具備，接下來是大幹一場的時候了。接著，朱元璋帶著李善長等人馬不停蹄，攻取滁州。接下來，局勢很明朗了，等朱元璋的大部隊一到，幾乎是以摧枯拉朽之勢便攻克了滁州城。

第六章

翻雲覆雨

# 信任危機

　　就在朱元璋全心全意圖發展，一心一意打滁州時，濠州城裡的火併達到了白熱化程度。彭大、趙均用都是眼裡容不下沙子的，他們眼看郭子興在朱元璋的幫助下，實力與日俱增，馬上想出了一石二鳥之計，派人去敦促朱元璋派兵把守盱泗，以達到削弱朱元璋勢力的目的。朱元璋很快識破了彭、趙二人的雕蟲小技，明確表示，他只聽郭子興的命令，不聽其他任何人的命令。

　　然而，朱元璋沒有料到，他拒絕彭、趙二人的請求後，彭、趙之間很快進行了火併，火併的結果是彭大光榮犧牲，趙均用一躍成為濠州城裡的大哥大。很快郭子興也被軟禁起來，失去了自由。小張夫人派人給朱元璋報信，叫他趕快搭救。

　　朱元璋一聽，覺得事情非同小可，馬上召開了一次軍事會議，商議這件事。會議一開始，朱元璋便先發制人地丟擲「救還是不救」這個偽命題。為什麼說是「偽命題」？原因是朱元璋商量這個只是走過場，救是必須的，不救，他於情於理都說不過去。

　　果然，不明就裡的徐達說出「不救」兩個字時，被朱元璋大訓了一頓。雖然徐達極力闡述自己不救的理由：一是現在剛拿下滁州，正是再進軍的大好時候；二是一旦把郭子興救回來了，又得處處歸他管束，毫無自由權；三是趙均用是個凶神惡煞般的人，想去救也未必能成功。應該說徐達的話說到了朱元璋的心坎兒裡去了，然而，朱元璋寧可違背自己的心意去救，因為他還知道「仁義」兩個字。人而無信，不知其可。郭

子興既是他的頂頭上司，又把乾女兒嫁給他了，於公於私於情於理，他都得去救。否則，郭子興這麼不明不白死去是小事，自己的誠信丟了就是大事了，這樣，將來誰還肯跟他一起，誰還敢為他賣命！因此，朱元璋待徐達滔滔不絕地說了一大通後，反問道：「如果真的需要什麼理由，一萬個夠不夠？」徐達便不敢再吭聲了。

既然確定了救人這個整體思路了，接下來就是商量如何救的問題了。這時，該輪到李善長上場了。只見他輕啟玉口，只說了四個字：曲徑通幽。意思是說，不宜派兵興師動眾地去濠州救郭子興，而是要透過柔的方式來解決。

心有靈犀一點通，這正符合朱元璋的想法。於是乎，接下來朱元璋馬上來了個「兩步驟」。第一步，寫信。寫了一封恐嚇信給趙均用，信裡義正詞嚴地表明了三層意思：一是你不能動郭子興；二是郭子興曾有恩於你；三是你若敢亂來，我也會亂來。果然，接到朱元璋不卑不亢的恐嚇信後，趙均用嚇了一跳，朱元璋現在的兵力是他的數倍，實力也高出他數倍，他還真的不敢亂來。暫時穩住趙均用後，朱元璋馬上進行第二步驟 —— 賄賂。用大量金銀珠寶賄賂了趙均用身邊的貼身衛士，有錢能使鬼推磨，衛士收人好處替人消災，利用三寸不爛之舌，猛吹趙均用的耳邊風。結果趙均用權衡利弊，不但放了郭子興，還客客氣氣地送他出城，一路上小心翼翼地賠不是。末了，還說了這樣一句話：「濠州城現在是元軍虎視眈眈的食物，我代兄長暫時堅守一陣。你先到別的地方躲上一陣，為了保護你的人身安全，你的一萬老部下也一起帶走吧。」

就這樣，郭子興雖然失去了濠州這個根據地，但保住了嫡系部隊，這也算是不幸中的萬幸。當然，令郭子興感到意外的是，當他帶領著所屬的萬餘人馬來到了滁州時，女婿朱元璋把他迎進城後，直接送給了岳

父大人兩件大禮：一是一張椅子，這雕龍繡鳳的椅子可不是一般的椅子，乃是朱元璋平日裡坐的「頭把交椅」；二是一塊木頭，這木頭不是一般的木頭，乃是朱元璋發號命令的兵符。意思很明顯，朱元璋主動讓賢，把滁州第一的位置讓給郭子興來坐，為了讓他放心，把所有軍隊的指揮權也交給他。也正是因為這樣，郭子興接到這兩份沉甸甸的大禮時，樂開了花，情不自禁地讚嘆道：「得婿如此，夫復何求！」

不過，郭子興說歸說，但做起來卻是另外一回事。他很快就好了傷疤忘了疼，在兒子郭天敘、郭天爵及小舅子等人的挑撥離間下，對朱元璋猜忌起來。為了防患於未然，郭子興想出了釜底抽薪之計。

首先，不再叫朱元璋帶兵、練兵，甚至任何重大行動都不找朱元璋商量，剝奪朱元璋的軍事指揮權和參政權。其次，把朱元璋身邊的得力幹將徐達等一個個調到元帥府，砍掉朱元璋的「左膀」。

最後，把朱元璋身邊的得力智囊團李善長等人一個個「挖」到元帥府來，砍掉朱元璋的「右臂」。

前兩條朱元璋都沒有吭聲，畢竟，第一條，郭子興一來，朱元璋便把軍事指揮權交給了郭子興，現在郭子興不叫他領兵，於情於理都說得過去。第二條，郭子興既然有軍事指揮權，那調兵遣將也是理所當然。如果說前兩條，朱元璋的心還只是在痛的話，那麼郭子興再對李善長動手，他的心就在流血了。這不，或許是心靈感應了，這時，不願離開朱元璋去郭府的李善長離別時，對著朱元璋展開了最不「善長」的一幕——哭訴。

男兒有淚不輕彈，可見當時李善長有多傷心難過了。朱元璋知道此時如果「強留」李善長，那麼就會前功盡棄，會再度遭到郭子興的懷疑，甚至是「武力相逼」。於是，他只能裝著若無其事地拍著李善長的肩膀

說：「男人哭吧哭吧雖然不是罪，但畢竟不雅觀，你先去元帥府也好，將來也好把我接過去。」一席話說得李善長破涕為笑。

然而，說歸說，勸歸勸，李善長似鐵了心，說什麼也不肯去元帥府。

李善長沒有動靜，很快郭子興再次派人來請他。這一次，李善長將倔強進行到底，回了六個字：我有病，要休養。

事不過三，請了幾次之後，郭子興顯然對李善長失去了耐心，也就懶得再管他，隨他去了。可能他心裡還在想：「我這麼倚重你，請你去元帥府享清福，你就是不來，這就怪不得我了。朱元璋現在是光桿司令，看你能有什麼通天本領！」

朱元璋果然老練，郭子興雖然把他幾乎逼到了絕路，但他顯得若無其事，對外沒有半句怨言，相反，對待郭子興更加恭敬有禮了。

嚴峻的考驗還在後面。即使朱元璋從擁兵數萬的大將軍變成了一無所有的「布衣」，但詆毀他的人還是把他視為眼中釘、肉中刺。甚至有人公然說他在作戰時貪生怕死、委曲求全，只求力保自己的勢力和實力，從不顧及城池之得失與發展，所取得的戰功完全是靠著七分僥倖三分詭詐得來的。

對此，郭子興決定讓事實說話，不久，一股元兵剛好來圍攻滁州，這是驗證朱元璋清白的最好時機了。郭子興對朱元璋說了這樣一句話：「你去應敵。」朱元璋一聽驚喜交加，眼淚唰地流下來，對他來說，身為「布衣」的他能這麼快擁有指揮兵權的機會，這太難得了，太出乎人的意料了。

然而，他不會料到，郭子興這是在考驗他，與他交戰的不單是元軍，還有自己人馬中的一個姓任的大將。郭子興安排朱元璋和他共同禦敵，意圖很明顯，是騾子是馬拉出來遛遛就知道了。

這位任將軍對朱元璋向來不服，認為此時交戰是給朱元璋顏色看的絕好時機，於是乎，郭子興比賽的命令剛一下，他便一馬當先地衝出城門去，看樣子，頭功非他莫屬了。然而，他剛衝出城門，元軍的箭便如雨般射過來。任將軍一看，再往前衝的話非死即傷，於是趕緊勒轉馬頭往城裡走。

　　反觀走在後面的朱元璋，卻來了個後來居上，奮勇向前，如入無人之境，直到把敵人打得丟盔棄甲、落荒而逃，這才收兵。

　　事實勝於雄辯，直到這時，郭子興才相信說朱元璋畏敵不前是純屬誣陷。但饒是如此，他對朱元璋的提防之心依然沒有改變。這時，就看朱元璋的老婆馬秀英的表演了。

　　馬秀英見夫君兵權被奪，成了孤家寡人後，比朱元璋更著急，她分析來分析去，最後決定採取攻心之策。什麼東西最能打動人心，當然是財物。君不聞「人為財死，鳥為食亡」這句話嗎？很顯然，朱元璋在這方面就很古板，他以前在戰場上，但凡軍隊有所繳獲，自己分文不取，全部分給手下的將領，這與其他的將領每次打完仗之後都帶給郭子興大量的金銀珠寶形成鮮明的對比。結果，郭子興對朱元璋的「不孝敬」當然很是不滿了。好在馬氏心思細膩，她知道內情後，以後凡有將士送來戰利品，馬氏來者不拒，照單全收，然後再拿著這些禮品送到張氏那裡。張氏的耳邊風一吹，自然勝過九級颱風。她時常說朱元璋的好話，郭子興對朱元璋敵對的態度才有所改變，漸漸消除了疑慮。朱元璋終於度過了信任危機，贏得了轉機。

# 唬弄也是一項技術

樹欲靜而風不止，更大的考驗又接踵而至。

至正十四年（西元 1354 年）十一月，不甘心坐以待斃的元朝政府派出了丞相脫脫親自掛帥出征，以數十萬重兵來圍攻六合城。

六合城此時的「城主」是趙均用。原來自從在濠州城火併彭大後，趙均用雖然成功幹掉了彭大這個眼中釘、肉中刺，但結果卻是鷸蚌相爭，漁翁得利。孫德崖等人藉機發威，成功地霸占了原本就屬於他們的濠州，無奈之下，趙均用只好「借住」到濠州附近的六合城了。

此時面對數十萬元軍壓境，趙均用一邊積極組織兵馬進行抵抗，一邊去求救其他的起義軍，向誰求救呢？最後趙均用還是把目光停留在了救世主朱元璋身上。朱元璋有膽有識，現在又擁有精兵強將，他如果肯相助，那六合城就有救了。於是，他馬上派人突圍來到了滁州城。

朱元璋雖然痛恨趙均用無情，但想到他到底是起義軍，再說，元軍一旦把他滅了，下一個目標很可能就是他們了。因此，他當然傾向於救了。可是，他現在做不主了，這事還得「城主」郭子興點頭。於是，他馬上就把這件事向郭子興進行了彙報。

郭子興一聽，直接回了兩個字：不救。趙均用兩次對自己給予汙辱：一次綁架、一次軟禁，他早就恨不得把趙均用碎屍萬段，此時他被元軍包圍，郭子興高興還來不及，怎麼肯發兵去救呢？朱元璋見狀只好進行了勸說，直接教會了郭子興一個關鍵詞：唇亡齒寒。解析如下：六合城與我們的滁州處於鄰畔，互為掎角，猶如唇齒相依。一旦六合城被元軍

攻破了，下一步定然是來進攻滁州，到時候只怕滁州這樣一座孤城也很難自保。覆巢之下，安有完卵？救六合城就等於救自己，還請父帥大人不計小人過，以大局為重，及早發兵救助才是上策啊！郭子興陷入了沉思，良久，才嘆道：「唇亡齒寒，齒寒唇亡，出兵吧。」但他向大家詢問誰願帶兵出征時，大家都選擇了沉默，弄得郭子興好不尷尬。最後沒辦法，郭子興只好進行了「點將」，結果恭喜朱元璋再次中狀元。當把一萬兵權交給朱元璋時，郭子興是極為不甘心的，但也無可奈何。蜀中無大將，廖化當先鋒。於是，他命朱元璋簽下了軍令狀：不克敵誓不歸。

對於在池中良久的「巨龍」朱元璋來說，即便是戰死在外面也比窩囊死在家裡痛快。因此，軍令狀又怎能難住他！他唰唰就簽下了。朱元璋，能不能上天就靠這一戰了。

親臨現場，看著密如螞蟻的元軍，朱元璋這才明白，為什麼大家都不願來蹚這攤渾水，因為這攤渾水實在不好蹚，蹚不好會淹死。為此，朱元璋馬上選擇了一處叫瓦梁的地方作為落腳點。一來可以暫時穩住陣腳，二來可以與六合城的趙均用守軍呈掎角之勢。

元兵自然不會放任朱元璋在他們眼皮子底下折騰，於是馬上就對瓦梁進行了圍攻。一浪高過一浪，朱元璋便後悔起來，看來自己匆匆忙忙太過大意，犯下大錯，屯兵於孤城中，無異於飛蛾撲火，自取滅亡啊！因此，朱元璋一邊組織防禦一邊尋思突圍之策，最後想出了一招妙計──美人計。

養其亂臣以迷之，進美女淫聲以惑之。這是美人計中的最高境界。朱元璋雖然還達不到這種高境界，但美人計三大策略還是運用出來了。

一、投其所好。美人計中所用的「美人」，只有被接受的時候，才能產生威力，也就是「美人」只是外因，必須透過內因才能發揮作用。要

使對方的內因發揮作用，關鍵的一條就是要投其所好。朱元璋的「投其所好」是撤下所有在前線的士兵，把軍中所有的美女都派到最前線，美人一來可以養眼，二來可以安心，三來可以勾魂。元軍一看，眼睛都直了，口水直流。

二、伐情損敵。美人主要是用來在敵人心理方面發動進攻的武器，是透過「伐情」來損敵的，也就是消磨敵之意志，挫敗敵之銳氣。於是乎，接下來，戰場上演變成這樣一幅奇特的景觀：幾十名婦女面對凶神惡煞的元軍毫無畏色，個個叉著腰，兩手搭在髀間，張著兩腳站著——就像一個個畫圖儀器裡細腳伶仃的圓規。「圓規們」充分發揮潑女罵街的本領，用最毒、最狠、最響的語言，向元軍招呼過去……罵著罵著，罵出了經驗和水準，分批次分層次地進行怒罵，一隊罵時，另一隊就在原地坐下喝水吃飯，休息一會兒再接著上陣。元兵們在戰場從來沒有看過這種場面，被罵得暈頭轉向，相視愕然，發出這樣的感慨來：從沒有見過這種圓規式的姿勢，從沒有見過這種圓規式的怒罵啊！他們不知不覺呆住了，不知不覺停止了進攻。

三、相機行事。美人計一般是作為達到最終目的的輔助手段，其主要目標是摧毀敵人的精神壁壘，但達不到徹底殲滅敵人的目的，常常還要進行武力決戰。所以在施用美人計的時候，要積極創造或尋找發動武力進攻的時機。眼看取得了預期的效果，朱元璋便開始了「相機行事」，他帶著軍隊開始突圍，當然，突圍還是有層次的。走在最前頭的是牛馬等牲畜，緊隨其後的是這些風情萬種、小鳥依人的婦女們，最後才是士兵。

牲畜和美女顯然吸引住了元軍，他們津津有味地欣賞著這一部經典的卡通片《美女與野獸》，只顧著行注目禮，彷彿到了電影院，忘了這是戰場，結果眼睜睜地看著朱元璋的大軍揚長而去時，這才醒悟過來，於

是一邊發出「美女與野獸之後是人渣」的感慨，一邊趕緊去追擊。

朱元璋是何等人物，退出敵人的包圍圈後，馬上在滁州城邊一座山谷設立了埋伏，然後命二十四將之一的耿再成殿後，目的只有一個——誘敵。

耿再成接下來當然知道怎麼做了，他先是帶兵與元兵大戰了一番，然後在一陣「扯呼」聲中開始撤退。元兵自然不會放過這到嘴的鴨子，結果耿再成且戰且退，很快把元兵引入了朱元璋設伏的山谷。後面的故事就有點老套了，當元軍到山下時，埋伏的起義軍衝出來，殺了元軍一個措手不及。與此同時，滁州城中的起義軍也不是吃素的，他們敲鑼打鼓，吶喊著傾巢而出，與伏兵兩面夾攻，大獲全勝，直打得元兵哭爹喊娘，落荒而逃。結果，朱元璋的隊伍自然繳獲了敵人大批的馬匹和財物。然而，朱元璋看著這麼多戰利品，臉上並無喜悅之色。他知道，元軍多如牛毛，這只不過是他們的一小部分，吃了這個悶虧，自然不會善罷甘休，自然會再來尋仇，到時候，說不定他們會棄了六和城，全力圍攻滁州。這樣一來，到時候只怕滁州就會吃不了兜著走了。於是，朱元璋決定將唬弄進行到底。

考慮到了在瓦梁突圍時已經使出了「美人計」，接下來，他使出的是「苦肉計」。於是乎，當灰頭土臉的元軍重新整頓人馬，正欲來滁州找朱元璋血債血還時，出乎他們意料的事又發生了。朱元璋派城中的老百姓送來好酒好菜，連那些繳獲的馬匹槍械等也一併送來了。「你們這是幹啥，戰場無父子，願賭服輸。我們先前輸了便輸了，豈要你們送這些嗟來之食羞辱我們！」元軍個個義憤填膺，大有寧死不屈的英雄氣概。

百姓是這樣回話的：「這不是嗟來之食，而是物歸原主！我們的主帥年老多病，沒能來親自慰勞各位，深表遺憾，所以才派了我們作為代表前來。我們滁州城都是良民百姓，之所以組成武裝力量，全是為了防禦

盜賊的需要。先前和你們交戰，純粹是一時失察而產生的誤會，望將軍們明察啊！不要因此而讓我們這無辜的百姓遭殃啊！如今高郵城巨寇張士誠勢力很大，這才是你們當前急需平定的地方，如果將軍能開恩，保護我們這些良民，你們引兵去攻打他們時，我們願傾盡全力，提供貴軍一切軍用之需。還請將軍三思而後行啊！」元將見他們說得懇切，信以為真，於是對部屬們說了這樣一句總結陳詞：看來城中確實都是良民啊！於是，馬上下了撤軍令——集中全力攻打高郵。滁州之圍就這樣解了。

值得一提的是，元軍也不是吃素的，集中了數十萬精銳之師全力攻打高郵的張士誠，結果張士誠在頑強堅守了三個月之後，眼看就要擋不住了。就在城池要被攻陷時，元軍前線總指揮脫脫竟因遭到了朝中的讒言被元順帝罷官免職，被流放到四季如春的雲南修身養性去了。最終，緩過氣來的張士誠放手一搏，大敗了已群龍無首的元軍，從此，張士誠勢力開始迅速壯大，元軍淪為明日黃花，整個淮河以南都成了起義軍的地盤。

# 今朝有酒今朝醉

元軍退後，既保住了滁州，又解了六合城之圍，最高興的莫過於郭子興。是啊，儘管一切都是靠朱元璋幹出來的，儘管他從頭到尾都只是一個「旁觀者」，但這並不妨礙他竊取戰爭的勝利果實。畢竟一切都可以用一句話概括：領導有方。也正是因為這樣，郭子興的名聲更響亮了，前來道賀的人絡繹不絕。

世上本來沒有路，走的人多了便成了路，世上真假本來就難辨，甜言蜜語聽多了便成了真。整天被這些恭維的話包圍，郭子興很快就飄飄然起來，飄飄然的結果是他覺得自己是稱王稱霸的料兒，於是，稱王這件事很快就提上了議程。

討論這件事時，郭子興手下的將領們清一色地高舉贊成的牌子，他們心裡的小想法是，元帥稱王，他們也會水漲船高，跟著得到升遷，何樂而不為呢！

唯一投反對票的是朱元璋。按照少數服從多數的原則，這一票也起不了多大的作用。然而，因為唯一投反對票的是朱元璋，獨一無二的朱元璋、英氣十足的朱元璋、一句頂一萬句的朱元璋，效果就不一樣了。於是乎，郭子興原本喜上眉梢的臉頓時被一片烏雲密布籠罩著。但他還是耐著性子，問道：「你明明知道，你這一票並不能造成定乾坤的作用，為什麼還要投反對票呢？」「我認為元帥現在還不是稱王的時候。」朱元璋說出了他的兩個理由。一是槍打出頭鳥。一旦稱王，勢必成為眾矢之的，又引得元軍來攻，這豈不是引火上身！二是滁州是個好地方，但

卻不是稱王的好地方。滁州四面環山，風景雖然很美，但腹地卻太狹小了，沒有什麼「險」可守，而且交通不太便利，水路、陸路皆不通暢，籌集糧餉很是困難，不是長期居留之地。

「哦，那依你之高見，我下一步要怎麼做才可以稱王呢？」郭子興臉色越來越陰暗。「取和州。」朱元璋喃喃道地，「天高任鳥飛，海闊憑魚躍。和州地大物博，進可攻、退可守，等到那裡進一步壯大實力後再稱王豈不是上順天意、下順民意，萬無一失！」「和州不是好捏的柿子啊，那兒不但城牆堅固，易守難攻，而且元軍在那裡布有重防，想拿下和州非一般地難啊！」郭子興雖然知道朱元璋說得很有道理，但對攻占和州的信心卻不足。「父帥所言極是，俗話說攻城為下、攻心為上，和州只能智取，不能力取啊！」朱元璋說著在郭子興耳邊言語了一陣。郭子興臉上頓時露出了驚喜之色，本能地點了點頭，答了一個字：「好。」

不過，郭子興這一次，卻將他的小舅子張天佑作為「主打牌」派到戰場。意圖很明顯，攻下和州，頭功要給張天佑，以達到牽制和削弱朱元璋的目的。然而，正是這個張天佑，差點兒壞了大事，好在起義軍強者如雲，有如神助，最終還是有驚無險地拿下了和州城。

下面我們就來看智取和州的程序吧。按照朱元璋的計謀，分兩步驟：第一步的任務是由郭子興欽點的張天佑來擔當，張天佑的任務不是攻城拔寨，而是喬裝成元軍使者，騎上威武的駱駝，載著大量糧草等貨物去和州「犒勞」那裡的元軍。只要把犒勞品送到和州城，交給那裡的守軍便是成功。如果能在和州留宿一晚上，便是奇功。

第二步由朱元璋一手打造的二十四將之一的耿再成來負責完成。耿再成帶領一萬人馬，身著紅衣，跟在張天佑等人的後面。等張天佑詐入和州之後，以點火為號，來個裡應外合，出其不意奪下和州城。

「我怎麼都是元帥的小舅子啊，怎麼擔任的是挑山工這樣的工作啊！」張天佑嘟囔著上路了，心裡自然很是不高興。然而，他不會料到，他帶著犒勞品來到和州城時，和州城的守兵聽說有特使不遠千里送來犒勞品了，很是感動，感動之餘，便派人到城外十里處相迎。接到了張天佑等貴客後，他們覺得和州太小，又沒什麼好招待的，便在和州城外附近找了個「五星級飯店」，拉著張天佑喝接風酒去了。張天佑除了好色便是貪杯，兩杯酒一下肚，便忘了他的身上肩負的重任，結果很快來了個「今朝有酒今朝醉」。

耿再成自然不知道情況發生了改變，來到和州城下後，便開始了漫長的等待。等啊，等啊，一直等到夜半三更了，還不見有動靜。眼看再等下去，天就要亮了，耿再成急了，心裡暗道：該不會是張天佑等人露出了蛛絲馬跡，事情敗露了吧？想到這裡，耿再成當機立斷，馬上帶領士兵向和州城赤裸裸地殺將過去。

當然，元兵也不是吃素的，他們一方面積極組織力量加強防守，一方面派出一支精銳力量出城應戰。

結果，耿再成帶領的起義軍在毫無準備的情況下，被元軍打了個措手不及。混戰中，耿再成也中了一支暗箭，不得已，只好帶領軍隊趕緊撤退。元軍這下來勁了，眼看傷了起義軍的主將，豈肯讓他們這般輕鬆地逃走，於是率大軍來了個緊追不捨，直追出三十餘里，繳獲了大量的戰利品。天矇矇亮時，這才意猶未盡地鳴金收兵。

都說無巧不成書，就在元軍因大獲全勝而雄糾糾氣昂昂地回城時，一路高歌的歡呼聲驚醒了「醉夢人」張天佑。他睜開雙眼，猛拍自己的腦袋，心裡叫苦不迭，貪杯壞了大事，怎麼辦啊？

好在張天佑平常雖然懦弱，但關鍵時刻卻雄起了一回，為了將功贖

罪，他以大無畏的態度，拿起兵器帶領手下的弟兄們就和元軍幹起來了。元軍剛大勝，獲得了大量的戰利品，正處於高興、得意的興奮狀態，哪裡料到半路裡會殺出張天佑這個程咬金來。結果，措手不及下，被打得落花流水，只得趕緊打道回府 —— 逃往和州城。張天佑豈肯就此鬆手，率眾長驅直入，來了個緊追不捨。直追到和州小西門時，城上的元守軍趕緊抽回吊橋，眼看就要關上城門了。正在這時，幾聲利箭穿空響過後，幾個關門的守軍應聲而倒，接著，一個人如天神般從天而降，躍馬衝入城門口，手起刀落，吊橋的繩索被硬生生地砍斷了……

這個天神般的人物便是湯和。原來，朱元璋對張天佑辦事有點兒不放心，怕他和耿再成之間出現配合上的差錯，因此，祕密叫湯和帶了數百精兵潛伏到了和州城外，相機行事。先前看到耿再成大敗，他也想救，但無奈手中兵馬有限，只好忍痛靜觀其變。結果還真逮到機會了，張天佑的半路殺出，正好給了湯和英雄用武之地。他及時殺到和州城下，讓元軍關閉城門的夢想破滅。

湯和的出現極大地鼓舞了張天佑等士兵的士氣，他們見狀，哪裡還敢猶豫，簇擁著殺入城裡。進城之後的張天佑頭腦極為清醒，馬上幹了三件事。一是關門。關了城門，後面沒進城的元軍就只能望城興嘆，不能及時進城來支援城中的元軍。二是滅火。吩咐手下士兵，哪裡有火就往哪裡去，哪裡有火就滅哪裡的火。滅火很實用，主要是為了防止和州城裡的元軍點燃報警臺的烽火，而搬來元軍大股救兵。三是殺人。這個很簡單，你不殺元軍，元軍就要殺你。凡是身邊的元軍都得往死裡整。事實證明，張天佑的「三管齊下」很實用，效果很明顯，城中的也先帖木兒見大勢已去，倉皇逃出城去了，結果在群龍無首的情況下，其他元軍很快放棄了抵抗，非逃即降。

# 朱元璋的「約法三章」

解圍六合城，智奪和州城，朱元璋充分展示了其在軍事方面的不凡天賦和才能，郭子興高興之餘，終於放棄了對朱元璋的提防，命他為和州總兵，統率和州兵馬。

朱元璋得以重掌兵權後，高興之餘，更多的是感受到肩上沉甸甸的責任和使命。為了徹底整頓軍紀軍風，他決定透過鐵腕手段來改變這一切。因此，當他進入和州城正式上任的第一天，便來個下馬威 —— 叫人將議事廳上的主將案座撤掉，全部換上長條木凳。然後叫大家前來議事。

這些老將領進來後，先是傻了眼，怎麼這裡議事廳的條件這麼寒酸啊，都是木凳！而且木凳上又沒有貼名字之類的，這個怎麼坐啊？但既來之則安之，於是，大家都選擇了自己認為該坐的位置。

等大家都坐好後，這時，朱元璋才姍姍來遲。他環視了一週，果然不出他所料，偌大的大廳只剩下左邊最末一個位置沒人入座 —— 顯然這是眾人留給他的位置。要知道當時以右為尊，眾人這樣，顯然是不把朱總兵放在眼裡了。

朱元璋裝作若無其事地從容就座，好像根本不知道以他的身分和地位不應該這樣「叨陪末座」的。接下來正式開始議事了，當問到了一些實質性的問題時，這些「元老」們便個個成了啞巴。而朱元璋卻解析得如行雲流水，信手拈來，竟然層次分明，有章可循。直到這時，這些老將才覺得朱元璋才華非凡，對他心服了三分。

會上，朱元璋還提出了一件很重要的事：修繕城牆。原因是和州城牆年久失修，再加上近來經過好幾次圍攻，破損嚴重，如果再不進行修葺，如何能打造固若金湯的防守體系呢？朱元璋提出的修復方案是，把城牆分成若干段，實行承包責任制，每段分配專人負責，並且要在規定的時間內完成，否則軍法處置。為了以身作則，朱元璋挑選了一段破壞最為嚴重的城樓作為自己的承包區。

　　然而，對於朱元璋的安排，眾人卻根本不屑一顧，規定時間一到，除了朱元璋自己修繕的城牆完工外，其他的城牆都沒有動靜。這些所謂的「元老」對朱元璋的「忠告」：不要把別人太當真，也不要太把自己當一回事兒。

　　對此，朱元璋的回答：不要把別人太不當真，也不要太不把自己當一回事兒。

　　這天議事，元老們進了議事廳後，又怔住了，隨即發出「朱總兵真會創新」的感慨來。原來議事廳又變了模樣，原來的長條凳都沒有了，偌大的大廳中，只有坐北朝南擺了張主將公案。眾人正在詫異中，朱元璋沉著一張臉，端著一支描金令牌從後堂跨出。徐達、湯和腰繫長劍，雄糾糾、氣昂昂地緊隨其後。

　　朱元璋走到公案前，當仁不讓地坐下，然後將令牌一舉，說了這樣一句話：「別把總兵不當幹部。」並且教會了大家兩個關鍵語句：一、在其位謀其政。我這總兵，是大帥親自任命的，並不是我自己杜撰假冒的。咱既然受了這個職位，就須對得起大帥的厚愛，對得起手中的這碗飯。二、無規矩不成方圓。修繕城牆，利在當代，功在千秋，是一件重中之重的事，先前已和各位立下了軍令狀，如今規定時間已到，城牆卻沒有修好，各位說說，這是什麼罪呢？

眾人皆低頭不敢作答。

「來人，給我通通拉下去砍了。」

眾人嚇得各個伏在地上，磕頭如搗蒜。

「使不得啊，如今正是用人之際，豈可自斬手足，做親者痛仇者快的事啊！」這時，只見李善長慢悠悠地從後堂走出來，進行勸解。

「既如此，死罪可免，但活罪難逃。來人哪，給我拉下去，每人重杖軍棍五十！」「眾將年事已高，又念其是初犯，這次就得饒人處且饒人，先記下，下次如有再犯再懲罰也不遲。」李善長繼續勸道。

「好，既然如此，這次軍棍暫且記在帳下，下次再犯，絕不輕饒。」朱元璋厲聲道。「願聽總兵之命！」諸將領被朱元璋這一唬，此後再也不敢對朱元璋不敬了。

朱元璋臣服手下元老後，並沒有沾沾自喜，相反，他知道，得民心者得天下，要想在和州長治久安，必須得到和州老百姓的認可和厚愛。而百姓好不好，展現在士兵身上。因此，接下來是該向士兵們立威的時候了。

我們都知道，朱元璋向來對部隊的紀律要求很嚴，但郭子興從濠州帶的舊部卻往往是陋習不斷。再加上後來遭忌的朱元璋被剝奪了兵權，士兵們便更加放肆了，擾民現象時有發生。

朱元璋在和州當總兵後，決定對士兵們的作風建設進一步加強。為此，他多次微服私訪。

這一天，朱元璋按慣例早起視察和州城防。當他走到一條街上時，發現這裡幾乎到了「千山鳥飛絕，萬徑人蹤滅」的境地。幾乎看不到行人，好不容易看見一個人，還是一個蜷縮著的小孩，身邊放了一個要飯的籃子，像是孤苦無依的棄兒。

「小朋友，你怎麼睡到這裡？風好大，怎麼不回家睡呢？」朱元璋也是窮孩子出身，而且父母雙亡後，也成了孤兒，因此憐憫之心頓生，蹲下身來關切地問那小孩。

「我無家可歸，沒地方睡，只好睡這裡了。」

「你是孤兒？」

小孩搖搖頭。

「你爹娘早逝了？」

小孩搖搖頭。

「那你爹爹呢？」

小孩搖搖頭，又點點頭，然後道：「被軍官拉到軍中去養馬了。」

「那你娘呢？」

「我娘也被軍官強拉在軍中，娘與爹爹見了面都不敢相認，只說是兄妹。我不敢進去找他們，只能流浪到這裡等候他們了。」這個小孩畢竟還小，口無遮攔地說出了全部實情。朱元璋細細瞧著，覺得那小孩真是越發地可憐。

朱元璋突然鼻子一酸，想起了自己曾經遭遇的種種悽苦往事，於是立即把諸將召集到議事廳，厲聲道：「我們自從打下滁州以後，士兵們便經常幹一些擄人妻女的事，弄得很多人妻離子散、家破人亡。長此以往，我們就是一盤散沙，不等元軍來攻自己就亂了。這樣一來，我們還如何談發展，如何談理想，如何實現我們的人生追求和目標，這不是自取滅亡嗎？」說完理論知識後，朱元璋開始來實際的了。他宣布新鮮出爐的「約法三章」：一、所有搶來的婦女立即放其歸家；二、如有違令者斬無赦；三、今後如有再犯者斬無赦。

第二天，朱元璋把城中的男人與那些被擄掠的女子都召集到了衙門前，讓他們彼此相認，於是，很多被搶去婦女的人家都得以破鏡重圓。從這以後，軍隊紀律得到了加強，百姓自然也很擁護朱元璋，很快，軍民同樂的關係又得到了重新建立。

第七章

終於有了自己的地盤

# 以柔化剛

第二年，也就是至正十五年（西元 1355 年）時，一個鶯飛草長的春天，不甘寂寞的元朝派出十萬之眾來攻和州。當時和州城裡把所有的老弱病殘起義軍加起來，滿打滿算也就一萬餘人。面對十比一的懸殊軍事力量對比，朱元璋靈活運用各種戰術，以「游擊戰」為主，聲東擊西，指南打北，虛實相隔，無中生有。再加上先前對城牆等進行了加高加固，各種準備工作充足，結果硬是堅持了三個多月沒讓元軍討到半點便宜。時間一長，元軍便開始動搖了，認為這樣耗下去，只有三個字：傷不起。最後不得已，只好採取了以退為進的策略，在盛夏時節，選擇了退兵於高望、新塘、青山、雞籠山四要害之地。策略意圖：這裡進可攻退可守，最重要的是還可以切斷和州城對外所需糧道。

屋漏偏逢連夜雨，和州城圍剛剛破圍，通往外界的糧道卻被「凍結」了。民以食為天，沒有糧草意味著什麼？朱元璋二話不說，親自掛帥，主動出擊，很快就攻破了元軍一些營寨，並且奪回了一大批糧草，化解了危機。就這樣和州保衛戰取得了決定性的勝利。和州穩定了，朱元璋有糧了，遠在濠州的節制元帥孫德崖卻出現了無糧斷糧的危機。最後沒辦法，為了尋糧找糧，孫德崖也不管三七二十一，帶著全部人馬呼啦啦地跑到和州附近來「掠草谷」了。

但孫德崖醉翁之意不在「谷」，在於和州之城也。他把隊伍分駐在和州城外的百姓家中，然後帶著一些親信精兵來到和州城外，打出了「借住」的牌子。

朱元璋見是老冤家孫德崖來了，知道孫德崖和郭子興的種種恩怨，本來是不想答應的。畢竟請神容易送神難，一旦孫德崖幾萬人馬長期逗留在和州內外，那就是自惹麻煩，吃不了兜著走了。可是，他轉念一想，冤家宜解不宜結，相逢一笑泯恩仇。孫德崖再壞，也是人，狗急了都有跳牆的時候，更何況是人呢？如果孫德崖一急，和他來個火併，那不是鷸蚌相爭，漁翁得利，讓一直對和州城虎視眈眈的元軍有機可乘嗎？

也正是因為這樣，朱元璋權衡利弊後，只好開門一邊把孫德崖一行迎進城來，一邊趕緊派人去滁州向郭子興進行報告。

郭子興那是啥脾氣，兩個字：火暴。那是啥心態：睚眥必報。當年在濠州，他處處受孫德崖等人的氣不說，還被他們綁架了兩次，一次被關在了黑黢黢豬狗不待的黑洞裡，另一次被軟禁起來，好久都不能見天日。這份大仇，他早已刻骨銘心。這等屈辱，他怎會忘了？此時，朱元璋居然把他的仇人放進了和州城，長期免費為他們提供住宿地。因此，一聽彙報，氣得馬上暴跳如雷，站起身來，從滁州直奔和州而來，便要找這個「吃裡扒外」的朱元璋秋後算帳。

朱元璋當然知道郭子興的脾氣，知道這次擅自做主放孫德崖進來，一是「越了權」，二是「犯了怒」，郭子興肯定會連夜趕來興師問罪。思來想去，他覺得只有先在城外「負荊請罪」，方能平息郭子興心中的怒火，化干戈為玉帛。於是乎，朱元璋吩咐手下人說：「大帥如果白天不來，晚上必到，你們一定要一直站在城門外等候。看到大帥來了，馬上通知我，我要親自去迎接。」

半夜時分，郭子興果然十萬火急地來了。可守城的是郭子興的一位老部下，對朱元璋常懷有怨恨之心，因此，他沒有趕緊通報朱元璋，而

是先把老郭迎了進來，安頓好之後，這才慢騰騰地去報告朱元璋。

朱元璋一聽，知道事情壞了。本來郭子興就對他一肚子怒火了，此時來到和州城居然沒有「恭迎」，那更是大不敬，只怕郭子興怒火沖天了。但事已至此，沒辦法，他只好硬著頭皮去「負荊請罪」了。一進門，他便撲通一聲跪在地上，直磕著響頭。

郭子興把頭扭向別處，也不管朱元璋頭破血流，良久，才冷冰冰地來了一句：「你是哪一位啊？」

「小婿朱元璋見過大帥。」

「你可知罪？」

「知罪。」朱元璋喃喃道地，「凡事有個輕重緩急，家裡的事可以緩一下也不打緊，但外面的事如果不儘早拿主意怕有什麼變故啊！」

「什麼外面的事啊？」

「孫德崖的事便是外事。」朱元璋道，「我現在私自做主把孫德崖放進城來，完全是從大局考慮。試想，當初孫德崖雖然綁架了你，但沒有撕票，並沒有傷害到你，最後你還是毫髮無損地回來了。現在他遇到了危險，來我們這裡避難，也是走投無路的下策，如果我們拒人家於千里之外，你和孫德崖之間的恩怨進一步激化是小事，傷了全體將士的心是大事啊！本是同根生，相煎何太急啊。」朱元璋說著，頓了頓，接著道：「再退一步來說，現在在此地，孫德崖的人馬比我們的多很多。他當初雖然綁架過大帥您，但我等夜闖孫府，殺了他的祖父，救出大帥，丟了他的臉面，他一定會記仇於心。害人之心不可有，但防人之心不可無啊！現在聽說大帥來了，他伺機報復怎麼辦？一旦與他衝突起來，只怕是弄個兩敗俱傷的下場啊！」

郭子興心中的怒火這才漸漸平息，看樣子朱元璋的處理是正確的，化解了矛盾，團結了力量。而他來和州城真是太魯莽太衝動了，只怕會再度激化矛盾。

# 煮熟的鴨子飛了

　　就在郭子興暗自猜測孫德崖會不會對他下黑手時，孫德崖也是這麼想的。果然，郭子興夜入和州的消息很快就被先知先覺的孫德崖知道了。孫德崖知道這個消息後，臉色蒼白如紙，他心裡此時只有兩個字可以形容：害怕！他當年綁架過郭子興，雖然沒有討到便宜，但給兩人的關係蒙上了陰影。現在我寄居於人家的地盤，郭子興一旦想找我算帳，我不成了人家的甕中之鱉了嗎？

　　思來想去，輾轉反側，孫德崖這一夜失眠了。早上起來，他派人給朱元璋捎了封辭別信，信的大致內容是說：聽說你家老丈人來了，我住在這裡對你們不太方便，我還是另找個落腳的地方吧！

　　孫德崖主動要求走人，朱元璋正求之不得。當然，即便如此，客套話還是必須有的。於是，朱元璋馬上親自去見孫德崖，對他進行了極力挽留。

　　「不是說好了最少都要住上三五個月嗎？怎麼說走就走呢？莫不是吃不慣我這裡的粗茶淡飯？」

　　「俗話說相愛容易相處難，我跟你老丈人是相見容易相處難。我不走，難不成要讓你老丈人走不成？」

　　「既然如此，我就不好再強留了。只是現在我們兩軍共處一城，你們突然離去，怕引起不必要的誤會，鬧出不必要的亂子來啊！不如這樣，讓士兵們先走，等他們出了城，大帥殿後，萬一出現緊急情況，也可以及時處理，不知大帥以為如何？」朱元璋道。

　　孫德崖也覺得這個辦法兩全其美，便點頭同意了。撤兵時，朱元璋

親自站在城門口為孫德崖的部隊餞行，一來顯示待客之禮，二來籠絡人心。但他不會料到，就是自己的好心差點兒變成了驢肝肺。

深深憶往昔，依依話別情。就在朱元璋談笑風生地和孫軍揮別時，突然城裡飛馬來報，說城裡兩軍打了起來，死傷了不少人。

朱元璋一聽就知道肯定是發生了突發情況，於是情急中，掉轉馬頭就往城裡跑。事情壞就壞在這一跑上，朱元璋這沒來由地一跑，已經出了城的孫德崖的部將們認為朱元璋這是做賊心虛，於是乎，他們也選擇了愛就一個字：追。

一個跑，一個追，就在這個電光石火間，還在出城的孫德崖餘部將士見狀，也做了一件事：堵。

前有堵兵，後有追兵，朱元璋眼看情況不妙，只好策馬向城外奔去。但無奈孫軍太多，狂奔中，朱元璋被暗箭所傷，跌落馬下。孫德崖的弟弟見狀，舉起手中的「屠龍刀」便要給朱元璋送上致命一擊。

「朱元璋暫時不能殺，孫大帥還在城裡啊！」正在這個節骨眼兒上，孫軍中的一個士兵站出來道。一語驚醒夢中人，「是啊，我大哥現在還在城裡，此時殺了朱元璋，那大哥能全身而退嗎？」「對，先把他留個活口當作人質。」孫德崖的弟弟一邊說著，一邊立即派人入城打探消息，不一會兒，探子來報告，說孫德崖被鐵鏈鎖住了脖子正在陪郭子興喝酒。

鎖著脖子喝酒，這酒再好也是苦酒啊！很顯然，郭子興是個恩怨分明的人，眼看孫德崖在自己眼皮底下，正是出自己當年惡氣的時候了，怎麼會讓他輕易走脫？於是，帶人去抓孫德崖，兩軍自然就幹起來了。結果可想而知，郭子興占據天時、地利、人和，自然很快把孫德崖抓住了，不過念在當年孫德崖對他網開一面的分上，他也沒有立即對孫德崖下毒手，而是選用這種極其侮辱的方式來報復他。以其人之道還施彼

身，應該說郭子興的模仿秀還是很不錯的。

　　然而，郭子興的這種美妙感覺並沒有維持多久，很快就被一個爆炸式的新聞給攪沒了。這個新聞便是朱元璋被孫德崖的弟弟生擒起來了。

　　朱元璋既是他的女婿，更是他的左膀右臂，不能失去這根棟梁啊！於是，他急忙派徐達等人去和孫德崖的弟弟談交換人質的問題。其實這很容易理解，你們生擒朱元璋，我手中有你們的孫德崖元帥，都是雙方的主心骨，一將換一將，公平合理。

　　「交換人質，這個辦法可行。」孫德崖的弟弟說著話鋒一轉，道，「先放我們的元帥。」

　　「不行，得先放我們的總兵。」

　　「是元帥大還是總兵大啊？」

　　「當然是總兵大！」

　　「你有沒有讀過書啊，總兵算個啥，元帥是除了王之外的最大官了。」

　　「我們是沒有讀過書，但在我們心目中，就是總兵大。」

　　「好，秀才遇到兵，有理說不清。一句話，你們是放人不放人？」

　　「當然放，不過，你得先放……」

　　就這樣，雙方爭論來爭論去，就誰先放人產生了嚴重分歧，其實這也難怪，這種局面誰先放了人才是傻瓜，萬一你放了人，人家撕票了怎麼辦？

　　「我先留下，換我們的總兵。總兵回了城後，再放孫德崖，孫德崖出了城，你們再放了我，這樣總成了吧？」眼看這樣爭論下去不是辦法，徐達靈機一動，說出了這樣的「曲線」放人法。

孫德崖的弟弟想，徐達是朱元璋手下的第一猛將，又是他的結拜兄弟，料想朱元璋也不敢亂來。他一時又想不出更好的辦法，只好同意了。

結果朱元璋回到和州城後，郭子興本想撕票，但朱元璋說了反對的兩大理由。一是徐達不能死。解析：徐達勇冠三軍，是以後打江山不可或缺的大將。徐達一旦死了，將士就會心寒，就沒有人願意替大帥打江山了。二是孫德崖不能死。解析：孫德崖一旦死了，孫德崖的弟弟和手下將士又豈肯善罷甘休，到時又會弄得魚死網破的下場。

「放人。」郭子興沒有再多聽朱元璋的長篇大論，雙手無力地揮了揮。就這樣，孫德崖被放回後，孫德崖的弟弟也很守信，放還了徐達。一場災難就這樣化險為夷，一場風波就這樣平息了。

孫德崖走了，郭子興又可以睡安穩覺了。然而，他從此卻得了失眠症，煮熟的鴨子飛了，郭子興好個不甘心啊！那個悔恨哪，那個自責呀，那個感嘆哪！總之，舊仇未報，又添新恨。被孫德崖在自己的地盤瀟灑走了一回，揚長而去，郭子興覺得既沒報了仇，更失了面子。

佛爭一炷香，人爭一口氣。眼看這口氣沒爭到，郭子興心中的氣怎麼可以嚥下去？結果他夜不能寐，食不甘味，得了嚴重的憂鬱症。

別人得憂鬱症要錢，郭子興得憂鬱症卻要命。很快，郭子興沒有嚥下對孫德崖的那口惡氣，卻嚥下了自己的生命之氣。看樣子，氣量小、容易忌妒的人死得早，這是有道理的。

# 都是託孤惹的禍

郭子興臨死前也來了個臨終託孤。託孤的對象是朱元璋。他說了三句話：

第一句話是對朱元璋說的：「如果你看我兩個兒子是個當元帥的料子，你就輔佐他們，如果他們不是當元帥的料子，你就把他們廢黜了，你自己當元帥吧。」

朱元璋一聽，嚇了一跳，郭子興話中有話，趕緊跪下回話：「我一定會全心全意地輔佐兩位公子的，絕不敢有一點兒自己當元帥的意思。我一定會做到鞠躬盡瘁，死而後已。」

第二句話是對郭天敘、郭天爵說的：「你們要記住，我死了以後，你們弟兄兩個，都要把總兵當作自己親兄弟一樣，不能怠慢。」

郭天敘、郭天爵異口同聲道：「兒臣定當銘記於心。」

第三句話是對眾將官說的：「我已把軍中大事託付給元璋，要我兒子待他像兄弟手足一樣，諸位也不可怠慢。」

眾將官同樣異口同聲說：「謹記大帥教誨。」

郭子興的託孤是明智的，他死後唯一擔心的就是不是「池中物」的朱元璋乘機奪了兵權，坐上元帥的位置，而他的兩個兒子成為他的階下囚。因此，這樣一「託」，朱元璋便不敢也不能輕舉妄動了。畢竟要他做到曹操「寧可我負天下人，不可讓天下負我」那樣的高境界，他暫時還是做不到。

人而無信，不知其可也。那種場景和那種氛圍，由不得朱元璋不答應。既然答應了，那就不能「反悔」；既然答應了，那就得履行。於是

乎，郭子興死後，郭天敘、郭天爵兄弟接過了父親的接力棒，「當仁不讓」地坐上了元帥的位置。

當然，郭天敘、郭天爵雖然「當仁不讓」，但心裡卻「當人不嚷」。朱元璋這個總兵掌握了和州城的兵權，擁有精兵和良將，這對他們來說是一種威脅啊！拿破崙說，不想當元帥的士兵不是好士兵。郭氏兄弟卻是這樣說的，有朱元璋在，這元帥還不如士兵好當。因此，郭氏兄弟很快就把父親託孤那段把朱元璋當親兄弟的話拋到九霄雲外去了。無毒不丈夫，只有除掉朱元璋，他們才會心安；只有除掉朱元璋，天下才會太平。

當然，郭氏兄弟知道，要想除掉朱元璋，直接硬碰硬地對著幹，他們肯定不是朱元璋的對手。既然明的不行，就來暗的了。於是乎，他們很快想到的方法是「下毒」。毒從何來，當然是藥店了。然而，正當郭氏兄弟派的人買砒霜時被朱元璋的謀士李善長看見了。

「怎麼買這麼多砒霜啊？可以毒死一頭牛或是一頭豬了。」李善長問。

「牛豬算什麼，簡直可以毒死人！」當時李善長的名氣還沒有完全打出來，那人並不知曉他，因此毫無提防地隨口答道。

只一問一答就足夠了。李善長知道事情的嚴重性，馬上告訴了朱元璋。朱元璋一聽心涼了半截。我已盡心盡力來照顧你們這兩個「孤主」了，怎麼你們卻不容我，反而要害我呢？

當然，雷厲風行的朱元璋並沒有只停留在心裡說，而是對郭氏兄弟直接說了。當然，說話是要講究技巧的，時間、地點也不可或缺。這天，郭氏兄弟也許是一時心血來潮，也許是吃飽了撐得慌，總之，他們決定去南山賞菊。考慮到了青春作伴好還鄉，郭氏兄弟還叫上了朱元璋。

朱元璋是聰明人，本能的反應是這花不是那麼好賞的，花之所以這

麼紅，那是因為鮮血染紅的。這一去，郭氏兄弟是想讓我的鮮血來祭花吧。按常理說，去無好處不如不去，但郭氏兄弟現在是「主子」，朱元璋現在是「臣子」，主子相邀，他能不去嗎？

去，沒有好果子吃；不去，又不行。朱元璋當然選擇了去，但為了不吃「壞果子」，他來了個先發制人，走到半路時，突然雙腿夾鞍，雙手一提馬韁，那馬長嘶一聲人立而起，朱元璋仰面望天，嘴唇嚅動，嘴裡唸唸有詞，似在低訴，又似在自語。郭氏兄弟好奇地望著朱元璋的舉動，正不明所以，突然，朱元璋回過頭來，用手指著郭氏兄弟，劈頭蓋臉就是一陣大罵：「你們兩個卑鄙的小人，和曹操有一比了。你父帥託孤於我，要我好心輔佐你們，我凡事鞠躬盡瘁，任勞任怨。你們卻要陷害我，這是何道理？」

「什麼陷害？哪跟哪的事啊？」郭氏兄弟聞言臉色大變，極力否認。

「剛才空中有金剛神甲飛來告訴我，說你們在酒菜中下了毒藥，想送我到閻王那裡去，不知道這是不是真的？」

「沒，沒有的事啊！」郭天敘和郭天爵對視了一眼，再度達成統一，有默契地進行否認。「既然如此，那你們兩個把這些酒給喝了，把這些菜給吃了。」朱元璋跳下馬來，指著酒菜對郭氏兄弟說。

郭氏自然不會吃，但一時又找不到拒絕吃的好理由，眼看陰謀暴露了，最後只好來了個不歡而散。

一招不成，郭氏兄弟沒有灰心，也沒有氣餒。馬上又祭出一陰招：請神。你朱元璋不是搬來金剛神甲相助嗎？那我們也請神過來相助，唯一不同的是朱元璋請的是「死神」，而他們請的卻是「活神」。

這個活神叫小明王。說起小明王可能大家有點兒陌生，但說他的真

實姓名韓林兒大家應該就有印象了，如果再說劉福通大家就更如雷貫耳了。前面已經說過，韓山童被殺後，劉福通扶持他的兒子韓林兒為皇帝，號稱小明王。

小明王雖然年紀小，但有三老：一是資格老 —— 最先起義；二是資歷老 —— 最早起義人韓山童的兒子；三是資質老 —— 第一個稱王者。

郭氏兄弟本著「家有三老如有一寶」的原則，不顧山高水遠，親自去拜訪了小明王一趟。回來時雙手捧了一個證書之類的東西，並且第一個便交給了朱元璋。

朱元璋一看差點沒氣得吐血。原來這是任命書，但見上面白紙紅字寫道：封郭天敘為都元帥，張天佑為右副元帥，朱元璋為左副元帥。

也就是說朱元璋在軍中是第三把交椅。按照託孤來說，這是合情合理的，但郭氏兄弟居心叵測，非要走「非法程序」，想借小明王的「玉手」來個名正言順，徹底壓制和扼殺住朱元璋。當著眾人的面，朱元璋城府再深，也認為這是對他極大的羞辱，極大的不尊重。於是，他憤怒了，發作了，拿起任命書狠狠地扔到地上，用腳邊踩邊道：「大丈夫處世兮立功名，立功名兮慰平生，慰平生兮，豈能受制於人？」

這是個很危險的訊號，弄不好當場就要刀劍相見。正在這個節骨眼上，他身邊的李善長出手了，用腳輕輕地碰了他一下。朱元璋幡然醒悟過來，馬上拾起任命書，說：「大丈夫雖然不能受制於人，但小明王是起義軍的領頭羊，在起義隊伍中有著舉足輕重的作用，歸附於他們，一是可以彌補自身實力的不足，二是可以把我們的起義隊伍做強做大，也是好事一件嘛！」

就這樣，一場分封風波就這樣點到為止。當然，令朱元璋幡然醒悟

的還有，小明王頒給的任命書只不過是一張空頭支票罷了。什麼都元帥，什麼左元帥、右元帥，到頭來還是要靠實力說話。

得實力者得天下，朱元璋相信自己的實力。

# 政治聯姻

就在郭氏兄弟祭出「兩板斧」，和朱元璋的緊張關係漸漸處於公開狀態時，一個人看在眼裡急在心裡，接著再使出一招，湊齊了「三板斧」。

這個人便是小張氏，郭子興的小老婆，馬秀英的養母，朱元璋的丈母娘。當然，考慮到郭氏兄弟的陰招行不通，她採取的是「明」招；郭氏兄弟的招數是害人的，而她的招數卻是想救人。郭氏兄弟的招數在厲害的朱元璋面前行不通，而她的招數軟硬通吃，只要是男人都很難過這一招。

小張氏的招數很簡單，兩個字：聯姻。

其實這個招數先前她已經用了，馬秀英就是她第一次聯姻而獻給朱元璋的「犧牲品」。當然，那時的朱元璋雖然展示了不凡的才華，但畢竟「小荷才露尖尖角」，身分還很低微。因此，小張夫人才決定把義女馬秀英嫁給朱元璋。一來安定了朱元璋的心，讓他更加賣力地為郭子興賣命。二來穩定了郭家人的心，可以更加放心地讓朱元璋來賣命。

應該說小張氏第一次祭出的聯姻策略很成功，進一步改善朱元璋和郭子興的關係後，朱元璋為郭家的復興不遺餘力：打元軍、平內亂、招新兵、嚴紀律、奪城池、拓疆土……總之，朱元璋用實際行動證明了自己才華的同時，也證明了小張夫人是具有一雙超級無敵慧眼的。郭子興死後，郭氏兄弟和朱元璋的矛盾，小張夫人的慧眼看得真真切切、明明白白。郭子興就像一棵大樹，大樹突然倒了，那就得重新找一棵大樹作為依靠。雖然郭子興想把他的兩個兒子郭天敘、郭天爵培養成參天大樹。然而，她敏銳地發現，朱元璋成長的速度比郭氏兄弟明顯要快。郭

氏兄弟就像是溫室裡長大的樹，雖然天然有機肥料很多，但沒有經過什麼大風大雨，成長的速度像蝸牛爬步一樣，不是一般的慢。而朱元璋這棵野樹，從小摸爬滾打，歷盡苦難痴心不改，成長的速度如野草般快。這樣的潛力股和績優股是不會久居人下的，時機一到，定會飛上天的。

小張氏夫人覺得郭氏兄弟是扶不起的「阿斗」，而朱元璋便是即將衝出雲霧的「趙子龍」。要想讓「趙子龍」心甘情願地「救主」，一是要深挖內潛，百鍊成鋼，加強「阿斗」的自身實力；二是要動之以情，曉之以理，穩住「趙子龍」悸動的心。於是，小張氏又想到故技重演──聯姻。

為此，小張氏夫人打起了自己親生女兒郭惠的主意。馬秀英畢竟只是她的養女，這樣還不保險。只有把自己親生的女兒嫁給朱元璋，這才能算是「雙保險」。

郭惠此時年方十六，長得用一句話來形容就是「羞花閉月、沉魚落雁」。小張氏當初沒選擇將自己的親生女嫁給朱元璋，一是當時郭惠還太小，二是當時的朱元璋地位還太低，只想把馬秀英推出來當「槍手」。結果朱元璋卻踩著這個鋪路石青雲直上。可以說，此時小張氏夫人再想到聯姻時，心裡是很不好受的，是在滴血的，是懷有疚意的。元配夫人的位置早已被馬秀英占了。而且在此期間，朱元璋還納了郭山甫的女兒郭寧蓮為妾。

郭寧蓮是濠州城著名的「算命先生」郭山甫的女兒。郭山甫也不是浪得虛名，他算出朱元璋前程好。因此在朱元璋招募隊伍時，他馬上叫自己的兒子郭興和郭英順應天意參加了義軍，成了朱元璋傾力打造的二十四將中的戰將。兩個兒子在軍中親眼看到朱元璋非凡的才幹，對朱元璋稱讚有加，郭山甫眼看「試探」成功後，便決心把自己的寶貝女兒郭寧蓮許配給朱元璋做二夫人。按理說當時的男人有個三妻四妾那是很正常的事。然而，朱元璋的情況不同，他的元配夫人是馬秀英，是郭子興

的乾女兒，郭子興是他的頂頭上司，別人的話可以不聽，但郭子興的話卻不得不聽，別人他可以不怕，但對郭子興卻不得不忌憚三分。也正是因為這樣，當郭興和郭英代父親向朱元璋提親時，朱元璋幾乎連想都沒有想就來了個直接拒絕。

按理說交易不成情義在，人家都直接拒絕了，為了不再進一步傷害情義這事就該打住了。然而，郭山甫卻不這麼認為，他很欣賞朱元璋的才華，更欣賞朱元璋的拒絕，更覺得他是個可塑之才，為此，他很快就來了個二次提親。弄得郭興和郭英都有意見了，暗自嘆道：「別人家生女，門檻踩爛，我們家倒好，倒貼也沒有人要。」對此，郭山甫斥道：「別人家生男孩是名氣，我們家生女孩是福氣，到時候你們有享之不盡的榮華富貴，等著瞧吧。」郭山甫拉下老臉親自來提親，這下朱元璋總不能再直拒了，但又不敢輕易答應。畢竟還得過老丈人郭子興這一關。但哪知當時郭子興對付趙均用和孫德崖整天焦頭爛額，哪有心思來管他的私事，因此，直接回了一句話：你自己看著辦吧。於是乎，朱元璋馬上上演真實版的「看著辦」。據說「紅娘」郭山甫把朱元璋和郭寧蓮的見面安排在一間古色古香的頗有情調的房子裡進行。見面之後，朱元璋一看郭寧蓮的相貌，一個字：美！面試關通過。接下來，朱元璋為了試探她的才華，眼珠一轉，出了個上聯：真小人立命爾，為安求富貴而之催。郭寧蓮立刻答道：小女子立國焉，可匡扶大廈於將傾。朱元璋驚喜交加，才華橫溢啊，怎一個「贊」字了得！更令朱元璋意想不到的是，接下來，郭寧蓮還主動請纓表演了一套「太極拳」，但見她身輕如燕，進如脫兔，退如蹲虎，怎一個「帥」可言！看的目不暇接的朱元璋直接對郭山甫說了一個字：中。是啊，這樣集美貌、文武於一身的奇女子，到哪裡去找啊。

就這樣郭寧蓮便成了朱元璋的二夫人。

因此，此時張氏想讓她金枝玉葉般的寶貝女兒郭惠和朱元璋聯姻，就只能屈居第三了。當然，促使小張夫人這般忍辱負重地把女兒往「火坑」裡推，還有一個很重要的原因：替丈夫郭子興贖罪。郭子興因為種種原因，對朱元璋多有「不敬」之處：關黑屋、奪兵權、逼麥城等，不一而足。而朱元璋多次救過郭子興的性命：反綁架、反敲詐、反軟禁。總之，哪裡有危險，朱元璋總會像救星一般出現，從而使郭子興逢凶化吉，大難不死。力挽狂瀾於既倒，絕對明星股突現，氣量小、心眼小的郭子興雖然「後福」不咋的，但集潛力股、績優股、明星股於一身的朱元璋的「後福」卻是可以預見的。

　　因此，就在朱元璋對郭氏兄弟粗著嗓子大喊三聲說「大丈夫處世兮，豈能受制於人」時，小張氏夫人則是抿著櫻桃小嘴，輕聲細語地這樣回應了句：大丈夫處世兮，當力挽狂瀾於既倒。然後直接亮底牌——提親。

　　天予不取，反受其咎。面對又送上門的婚事，朱元璋沒有拒絕的理由。就這樣，朱元璋很快又多了一位如花似玉的嬌妻。只是委屈了郭惠，雖有高高在上的身分和地位最終淪落為妾！因此，過門當天，朱元璋是樂歪了嘴，笑彎了腰。而郭惠則是哭紅了眼，打溼了肩，痛罵了娘。

# 單刀赴會何足懼

　　內部稍稍穩定下來了，外部的風波又來了。話說又回到濠州城的孫德崖，雖然在和州瀟灑走了一回，但吃沒吃好，住沒住好，非但旅遊和散心的目的沒有達到，離混吃混喝的目標更是相差十萬八千里。因此和州之行不但郭子興有氣，孫德崖更有氣。只不過，郭子興喜歡生悶氣，結果這一口氣悶在心裡一直沒有出，直接悶死了。而孫德崖心中有氣，卻直接發出來了，對手下，對女人，對元軍，甚至是對最為忌憚的朱元璋……因此郭子興死了，他還活著。不過，喜歡意氣用事的人是不會長命的，所以孫德崖只比郭子興多活了幾個月而已。

　　聽說郭子興死了，歡欣鼓舞者非孫德崖莫屬。他早就對朱元璋恨之入骨了，早就對滁州和和州虎視眈眈了。再加上聽說郭天敘和郭天爵兄弟繼承了帥位，朱元璋成為「輔佐大臣」，大有水火不相容之勢後，更加迫不及待了。此時不想方設法除掉朱元璋，等他羽翼豐滿再下手時，只怕比登天還難。可是孫德崖也很聰明，他明白和朱元璋硬碰硬，直接發動陸地戰，只怕討不到什麼便宜。既然明的不行，那也就只剩下「暗」的這一條華山道可選了。

　　可是這個「暗箭」如何使呢？很顯然，反間計是行不通了。小張夫人剛剛把親生女兒嫁給了朱元璋，和郭氏兄弟的關係雖然沒有徹底改善，但在某種程度上也已經彌補了。派人再去挑撥，肯定是吃力不討好的事。思索了一番，孫德崖終於想出了一個計中計。

　　具體方案如下：在濠州設下鴻門宴，請朱元璋來赴會。如果朱元璋

來，乘機除掉他，這叫關門捉賊。如果朱元璋不來，證明他膽怯，以後定會被江湖中人恥笑，毀「英雄」之美稱。

應該說孫德崖在使用陰謀詭計方面的確要比郭子興強上百倍千倍。這種借刀殺人之計，計中含計，環環相扣，招招不離朱元璋的要害「七寸」。那麼，朱元璋接到孫德崖的「邀請函」後，是去還是不去呢？

原本很為難的問題，在朱元璋這裡卻不是個問題。他二話不說，大手一揮，回了一個字：去。於是馬上上演的就是「單刀赴會」的好戲。

朱元璋赴會，帶領的部將是他一手打造的嫡系二十四將之一的吳禎，隨從加起來也沒有超過兩位數，而負責接應的是徐達、胡大海。

該安排的安排好了，接下來便是「實戰」了。第二天，朱元璋帶著吳禎和幾個隨從，騎著馬提著單刀來濠州城赴會了。孫德崖早已布置好了許多伏兵，親自到城外來迎接朱元璋。「有朋自遠方來，不亦樂乎？」孫德崖看見朱元璋不但來了，而且只帶了幾個孤零零的隨從，自然是喜不自勝，滿臉堆笑，心裡卻暗道：這真是天助我也！朱元璋啊朱元璋，我待會兒要讓你死無葬身之地。因此，孫德崖便如挽著美女一樣挽著朱元璋的手一起進了城。

孫德崖畢竟心中有鬼，宴會間，不敢抬頭看朱元璋。朱元璋若無其事，談笑風生。酒過三巡，孫德崖眼中閃出一股寒光，突然盯著朱元璋道：「你也看到了，濠州城不但城小，而且糧草也不夠，這次宴請朱元帥也是粗茶淡飯，真是不成敬意啊！上次和州匆匆一別，實在抱歉，想借你的和州和滁州一住，不知朱元帥肯不肯賞我這張老臉呢？」說著，手裡緊握著酒杯，很顯然，如果朱元璋不識抬舉，他便要來個「摔杯」為號，誅殺朱元璋於現場了。「借……當然可以，只是以元帥這九五之尊，豈能屈住我那偏野之地，似乎有點啊……哦，今日之宴，只談舊情，

不談其他的事，呵呵。」朱元璋知道情況到了萬分危急的時候了，要掌握命運完全看自己的了。一邊搪塞著，一邊朝立在身後的吳禎使了個眼色，持刀的吳禎立即會意，眼見孫德崖正欲再言，挺身而出，大聲叫起來說：「和州和滁州乃我主之地，豈能輕易借與別人？」

「軍中之事，你豈能多言！」朱元璋故意發怒地說，「吳禎，你還不去向孫元帥賠禮謝罪！」吳禎聞言極不情願地站起身來，昂首走到孫德崖跟前，納頭便拜，說道：「剛才多有冒犯，還望元帥大人不計小人過，原諒則個。」

孫德崖見朱元璋手下的將領跪拜在他跟前向他道歉，無論顏面還是虛榮心都得到了大大的滿足，於是得意忘形地哈哈大笑起來，說：「起來，起來，有話好說嘛。這人哪，就是要像你這樣識時務才對。這人哪，如果不懂得識時務……」

剛說到這裡，他突然覺得眼前寒光一閃，正驚愕間，吳禎的大刀已架在他的脖子上了。「你想幹什麼，來人哪……」孫德崖驚叫起來。埋伏的武士蜂擁而出，手持刀劍圍將過來。「你們再敢上前一步，我就殺了你們主帥。」吳禎厲聲道。

「退下，不許亂動。」孫德崖嚇得雙腳打顫，對那些武士喝道。

「孫元帥，得罪了，還請你跟我們到城外走一趟。」朱元璋一腳踢翻身前的桌案，嚇得擋在門前的士兵們紛紛向兩邊躲避。

就這樣，朱元璋提刀在前，吳禎押著孫德崖在後，縱然濠州城裡孫德崖的部下有數萬人，也只能對他們行注目禮。

而負責接應的徐達和胡大海早已隱蔽在濠州城外，監視著城裡的一舉一動。此時突然發現城中人流攢動，情知有變，當下也顧不了那麼多

了，徐達怒吼一聲，帶著人馬便往濠州城下奔去。一旁的胡大海拉喊不住，也只得帶著大部隊前往城下接應。

無巧不成書，就在徐達奔到城下時，城門倏地開啟了。只見朱元璋一馬當先，吳禎押著孫德崖隨後，再後面跟著黑壓壓的孫德崖的部隊。

「元帥快走，徐達來也。」說著徐達一馬當先，直衝入敵陣中。孫德崖的部隊都知道徐達的勇猛，乃是朱元璋手下最凶狠的大將，有「戰神」之稱。

主帥被擒，他們原本就投鼠忌器，此時，被徐達這獅子吼般地大叫一聲，更是嚇得心驚膽顫。還沒回過神來，徐達已衝殺過來，前面的士兵本能地去抵擋，哪知徐達手起刀落，人頭便如西瓜般滾滾而落。

這時殿後的胡大海也已到了城門前，朱元璋早已虎口脫險，倒是孫德崖此時臉色像豬肝，癱軟得像一團泥。而吳禎眼看孫軍在徐達的力阻下，還是如潮水般從城門口奮勇而出，心中一急，對朱元璋說：「元帥，孫軍這般拚命，怕是因為孫德崖還在的緣故，不如就地砍了他的人頭，徹底摧毀孫軍的精神支柱，再乘機攻殺，奪了濠州城，這樣既除了孫德崖這個惡貫滿盈的大賊，又占了濠州城，一舉兩得。」

「這個……會不會有點做得太絕了，孫德崖再壞，也是我們隊伍裡的同盟軍啊！」朱元璋有點猶豫地道。

「當斷不斷，反受其害。孫德崖原本就不是什麼好鳥，他怎麼就不念戰友之情了？他先前三番五次欲陷郭大帥和我們於死地。此時當機立斷，待會兒孫軍全出了城，我們反而要受他們的迫害了。」胡大海也在一旁勸說。朱元璋長嘆一聲，揮了揮手，閉上了眼睛。吳禎再不遲疑，手起刀落，可憐的孫德崖連叫聲都沒有發出，就人頭落地了。

胡大海提著孫德崖的人頭，大聲叫道：「孫德崖欺行霸市、惡貫滿盈，已被我元帥依法誅殺了，你們還要為他賣命嗎？」

　　孫德崖的手下聽說孫德崖被殺了，一下子全都傻了眼，呆若木雞。唯有孫德崖的弟弟一馬當先衝出來，想要為哥哥報仇雪恨，但城門口的徐達豈是吃素的，他策馬上前，手起刀落，孫德崖的弟弟人頭亦滾落於地，血流如注，慘不忍睹。

　　孫軍此時早嚇破膽了，無心戀戰，正欲往城內撤，徐達砍掉城門吊索，大聲喝道：「願意歸順的就留下，不願意歸順的請自便。再有頑抗者，與此相同。」孫軍眼看進退無路，便都放下了武器，舉起雙手，濠州城轉眼間竟易了主。

　　如果說關雲長的單刀赴會是瀟灑走一回，那麼朱元璋的單刀赴會便是難得幾回醉，這正是：

龍潭虎穴何足懼，劍戟叢中久鏖兵。

義不負心泰山重，忠不顧死何言輕。

# 第八章

## 拓出豔陽天

# 富貴險中求

　　吞併了孫德崖，占領了濠州後，朱元璋的實力進一步擴大，名聲越來越響，當地的豪傑義士競相歸附。這對於僅占據著滁州、和州、濠州三州的朱元璋來說，顯然是不夠的。前面已經說過，朱元璋在進攻滁州時，馮國用曾對朱元璋提出了奪取軍事要地集慶為根據地，進而四處出擊、掃平天下的策略構想。也正是因為這樣，朱元璋在奪取滁州後，馬上又說服了郭子興，從而帶兵奪取了和州，為的就是打通奪取集慶的通道。然而，奪取了和州，向集慶進攻的計畫就此擱淺了。原因很簡單，那時的朱元璋還是朱元璋，而郭子興卻變成了「傳說」。朱元璋是郭子興的部下，當時的軍事調動權都得歸郭子興所有，凡事要經過他才能行動。當時的郭子興本來就對朱元璋特別提防，分外嫉妒，為了不再引起功高震主的猜疑來，朱元璋當時不敢提攻打集慶這個想法。

　　因此，此時朱元璋掙脫了郭子興的桎梏，在實力又更上一層樓的基礎上，自然不會選擇再等了，而是馬上揮軍渡過長江，向集慶進軍。

　　當然，進軍之前，朱元璋進行了一次誓師大會，首先說了集慶的三美：山美、水美、女人美。接著說了集慶三多：金多、銀多、糧草多。再接著說了集慶的「吉祥三寶」：太陽紅、月亮藍、星星亮。最後是誓言：直搗集慶，與諸君痛飲。

　　告子說：「食色，性也。」而集慶一帶有「姑蘇城外稻穀飛揚，秦淮河上佳麗如雲」的美譽，那裡的美女遍地都是，因此朱元璋的話勾起了大家的共同興趣，說得大家掌聲雷動，興奮不已。恨不得長了一雙隱形

的翅膀馬上就飄洋過海,飛到集慶去。「請元帥下命令。」「赴湯蹈火,萬死不辭。」「不奪集慶誓不還」的口號響徹雲霄。

舉世皆濁我獨清,眾人皆醉我獨醒。就在大家歡呼雀躍時,唯有一人卻面無表情,定定地看著激動不已的眾人。朱元璋是何等人物,自然很快就注意到了他。於是問道:「李先生有何高見?」

李善長聞言這才站出來,緩緩地環視了大家一圈,直接教會了大家一個關鍵句:「水擊三千里,摶扶搖而上者九萬里,去以六月息者也。」解析:集慶是江南一帶的軍事重鎮,這個大家都知道,因此守城的元軍自然是既眾多又精銳,城牆自然是既高大又堅固。如果我軍貿然去進攻,一旦久攻不下,便犯了軍事上的屯兵於堅城之下的大忌,如果到時候元軍乘我軍疲憊再發動反擊,那就吃不了兜著走了。

這盆冷水潑得大家心裡也溼淋淋的,不由得齊唰唰地望著李善長,顯然是在等他的下文,期待他的妙計出爐。於是,接下來李善長馬上又教會了大家一個成語 —— 曲徑通幽,即取集慶必先取採石磯,占據險要,再克太平,掃清外圍,最後順流而下,一舉定乾坤,拿下集慶。

李善長分析得頭頭是道,「三步驟」方能成就曲徑通幽。朱元璋第一個站起來鼓掌,大家緊跟其後掌聲雷動。是啊,這般透澈的分析卻又入木三分,這般深刻的理論卻又通俗易懂。如果說朱元璋是指明了占領集慶為根據地的方向,那麼李善長的話就是指明了路線。有了方向和路線,還有什麼可怕的!路在腳下,走下去便是一片新天地。

大家統一了方向,統一了目標,統一了思想,接下來就是統一行動的時候了。朱元璋帶著大家浩浩蕩蕩地從和州城出發,一路上激情澎湃,鬥志昂揚。

然而，他們很快就面臨了一個大難題：如何渡江。出發時，大家的準備都是相當充分的，乾糧、衣被都不缺。唯一沒有準備的就是過河用的船。都說面朝大海，春暖花開，可此時，大家面朝長江，一籌莫展。

　　原來自從朱元璋占據和州後，元軍未雨綢繆，為防止朱元璋偷渡長江向集慶一帶進軍，對長江一帶實行了禁航，沒收江邊所有的船隻，銷毀所有的民用船隻，硬生生地打造出「千里無船隻，行人望江嘆」的場面。

　　因此，朱元璋帶著大家看到河面空空如也、一望無垠時，都傻了眼。遙想當年，苻堅和曹操就是因為一條長江的阻隔，而沒能完成統一大業。當然，朱元璋沒有讓大家過多地發洩情緒，而是來了個緊急補救。既來之，則安之，既然沒有準備船隻，那就是死馬當活馬醫，明明知道希望渺茫，但朱元璋還是叫部下分頭在附近尋船訪舟，飛渡長江。

　　我們常常提到「貴人相助」四個字，意思是在關鍵時刻，能拉自己一把，從而提升自己地位的那個人。朱元璋這樣從小經過大風大浪、忍辱負重地苦練內功，百折不撓地修身養性，處事不驚且大智若愚的人，自然能贏得貴人相助了。這不，此時到了長江邊的朱元璋看似已到了「山窮水盡」的絕境，但因為貴人的相助，很快就「柳暗花明」起來。別人遇一個貴人就差不多了，而朱元璋卻是強者運強，一下子遇到了兩個。正是這兩個貴人的相助，使他成功實現了渡江的夢想。

# 變形計

下面我們先來看朱元璋在長江邊遇到的第一個貴人。

這個貴人的名字叫趙普勝。

這個趙普勝不是一般的人，他是巢湖廬州路無為州廬江縣人，因為善使一把雙刀，得了個響噹噹的綽號 ——「雙刀趙」。至正十一年（西元1351 年）徐壽輝在蘄州起義，趙普勝會同俞廷玉父子（俞通海、俞通源、俞通淵三子）、廖永安兄弟（弟廖永忠），以巢湖為根據地，發展水師，有戰船千艘，水軍萬餘人。然而由於獨處湖中，畢竟勢單力孤，常常受到廬江強敵左君弼的騷擾，在趙普勝的奮力反擊下，左君弼一怒之下掛靠在元軍門下，聯合元軍對趙普勝一直虎視眈眈，欲吞併之而後快。趙普勝不厭其煩，便也想尋棵大樹做庇護，聽說朱元璋帶著大軍來到附近，大喜過望，說了句「緣來就是你」，於是立刻派俞通海來找朱元璋商談投靠事宜。

因此，當一籌莫展的朱元璋聽說巢湖水軍領袖俞通海求見時，正躺在床上的他，說了句「天助我也」，來不及穿上鞋，便跳下床出寨相迎了。

當然朱元璋的「跣足出迎」也沒有白費。兩人一見面，便如同手足般又親又抱，俞通海作為感謝，很快說了三句話。

第一句話：我們主公趙普勝要我代他向你問好。

第二句話：我們主公派我來是聯繫歸附問題的。

第三句話：我們擁有一萬多水師和一千多條船。

這是雪中送炭的好事，朱元璋沒有不答應的道理，因此，他也回了三句話：

第一句話：謝謝趙將軍的誠意。

第二句話：我會本著平等互利的態度扎實推進合作事宜。

第三句話：事成之後，共享富貴。

俞通海聽完很滿意地走了，末了還忍不住說了句意味深長的話：巢湖歡迎你。

朱元璋問李善長這話是啥意思，李善長想了想說：「雖然趙普勝很想歸附於你，但目前對你還是只聞其聲不見其人，他派手下最得力的幹將前來表示了歸順的誠意了，我們理應去巢湖拜碼頭，一來可以顯示我們的誠意，二來可以商談具體的合作事項。」

「莫不是又要我上演單刀赴會？」朱元璋笑道。

「這不是單刀赴會，這叫禮尚往來！」李善長說著頓了頓，才接著道，「趙普勝的人品我早已耳聞，他不是背地裡使下三濫手段的卑鄙小人。再說，他正愁擺脫不了仇人左君弼的糾纏，沒必要對我們使陰招，而且就算使陰招對他也沒有好處。這次我可以陪元帥去，絕無危險。」

「妙極，妙極，聽君一席話，勝讀十年書。」朱元璋撫掌大笑。

果然，當朱元璋來到巢湖時，受到了趙普勝的熱烈歡迎和盛情款待。一個是良主，一個是虎將，兩人一見面就惺惺相惜，因此，很快達成共識，趙普勝來了個交根交底交兵權給朱元璋，一萬多水師，一千多條戰船，無數糧草。作為回報，朱元璋給名給利。一大箱子金銀珠寶、一批良馬、一群美女，並承諾事成之後封妻廕子。雙方約定了交接日期，並且很爽快地畫了押。

朱元璋一下子擁有了一萬多水師和一千多條渡河的戰船，還得了趙普勝這樣一個威震一方的猛將和俞通海等五虎將。他高興之餘，在臨行前，說了這樣一句話：「我最初打造的只是二十四將領，後來在和州時得到了胡大海和鄧愈兩員虎將，現在再得六員虎將，加起來正好是三十二將，昔日光武帝打下江山後，弄了個封將榜，分封了雲臺二十八將，再加王常、李通、竇融、卓茂等人，合稱三十二人，彪炳青史，名垂千古啊！今日我亦得三十二大將，莫非這是冥冥之中的天意？」

人一得意，就容易忘形，一忘形，就容易失言，一失言，引發的後果往往是非常嚴重的。

這不，朱元璋的話一出口，趙普勝的臉色倏地變了。要知道趙普勝是個抱負很高，理想遠大的人，如不是勢單力孤，再加上仇人緊緊相逼，他又怎肯輕易委身於他人之下。此時想結束單幹，尋求朱元璋的庇護，那是覺得朱元璋雄才大略，是個值得侍奉的好主子。當然，趙普勝覺得這樣雖然不能當「一把手」，至少也要混個「開國元勛」，一人之下、萬人之上是他的目標。此時朱元璋的話無疑在他沸騰的心上澆了一盆冷水，我將來只能並列為雲臺三十二將，這不是我想要的結果啊！

好在一旁的李善長洞若觀火，很快察覺到了趙普勝臉上豐富的表情變化，於是馬上圓場道：「就算將來再排個雲臺三十二將，趙將軍巢湖獻兵獻船，功不可沒，將來亦是排在第一位啊！」

朱元璋馬上醒悟過來，說道：「那是，那是……」趙普勝憨厚地笑起來。

一場風波看似就這樣化解了。然而，陰影就此埋下。趙普勝突然對歸降朱元璋猶豫了，朱元璋的話彷彿一把利箭刺穿了他火熱的心，他轉而一想，自己再怎麼獻兵獻船獻殷勤，對於朱元璋來說也只能是算「半路出家」的和尚，不管是現在還是將來，他都不可能取代徐達、湯和他

們在朱元璋心中的「正統」地位。

　　榮華富貴，我喜歡，但不強求；海誓山盟，我嚮往，但不相信；刀光劍影，我能舞，但不空舞；朱元璋能力強，本領大，但我不稀罕。

　　也正是因為這樣，接連幾日，趙普勝心事重重，茶不思飯不想，面對朱元璋免費提供的美女也不感興趣。很快，商定交接的日子就到了。趙普勝帶著他巢湖的水軍和船隻糧草傾巢而出，並且在和州舉行了交接儀式。整個過程，和朱元璋的喜笑顏開相比，趙普勝面無表情。朱元璋給趙普勝的官職：急先鋒。帶著他的水軍原人馬打先鋒，馬上向採石磯進軍。

　　急先鋒，趙普勝心裡冷笑一聲，長嘆道：「這個急先鋒怕是鋪路人才對吧，只有苦勞沒有功勞，只有危險沒有保險。只可惜我看走了眼，誤把庸主當明主，白白誤了手下將士的前途和前程啊！」是啊，他原本是巢湖叱吒風雲的土霸王，凡人見到他都要給他三分薄面，此時卻要寄人籬下，當別人的槍手，當別人的鋪路石。而且前途也是一片渺茫，看不到光明……越想越不心甘，越想越氣憤，越想越懊悔。想著想著，在行軍途中，「雙刀趙」玩起了「躲貓貓」── 不見了蹤影。

　　趙普勝玩「躲貓貓」那是不得已，他一路行軍，一路狂想。最後想出的辦法：反悔。帶著自己的人馬再去闖天下。

　　他的想法是好的，好則合，不好則分嘛。這跟婚姻是一樣的。既然跟朱元璋有緣無分，就不必強求了。然而，趙普勝不會料到，他早已收了人家的「訂金」：金銀、馬匹、美女。對方自然也不是好惹的主。

　　在和州城外完成交接手續後，朱元璋雖然仍然叫趙普勝帶著自己的原班人馬作為先鋒去攻打採石磯，一是想表現對趙普勝的信任，二是想表達對趙普勝的期望。當然，朱元璋也是有心計的人，他也留了一手，

那就是安排了一些自己人，名義上是說「當嚮導」，實際上是「勘探員」。

勘探員也不是吃素的，趙普勝想「單飛」的想法，他們很快知曉了，於是，馬上快馬加鞭向朱元璋進行了彙報。行軍在後的朱元璋一聽當機立斷，立即派徐達等人帶兵追上了趙普勝的先頭部隊。

趙普勝眼看此時朱元璋的大軍已壓境，馬上向大家公開了反悔的想法，令他意料不到的是，不說沒得到手下士兵的響應，就連和他稱兄道弟的五虎將俞通海、俞通源、俞通淵、廖永安、廖永忠也都不呼應。無奈之下，趙普勝發出「翅膀硬了，都能飛了」的感嘆後，選擇了悄然離去。

趙普勝離去，選擇了投奔老相知徐壽輝，「雙刀趙」果然不是浪得虛名的，在徐壽輝那裡很快打造出了雙刀無敵的神話，得到了徐壽輝的重用，被封為「四大金剛」之首。寧為雞頭，不為鳳尾。應該說趙普勝的選擇是正確的，他如果待在朱元璋那裡，在那如雲的良將中，可能一生永遠都只能當綠葉。只是趙普勝不會知道，選擇了徐壽輝，就等於選擇了悲情。因為後來徐壽輝被後起之秀陳友諒架空了權勢，慘遭殺害。趙普勝雖然被陳友諒挖牆腳過去，繼續當其將領中的「四大劍客」，但最終還是被朱元璋的謀士劉伯溫設下反間計，遭陳友諒殺害，落得個不得善終的下場，這是後話。

# 眾裡尋他千百度

第一個貴人雖然最終離朱元璋而去，但朱元璋卻賺大了，不但白白多了一萬多水師，更重要的是多了一千多條船隻。有了水師，在水上作戰能力就非同小可了，有了船隻就可以渡河了。為了讓降軍徹底歸附，朱元璋又給他們封官加銜，這些局圍於巢湖上的士兵們，哪裡有過這樣的殊榮，哪裡受到過這般重視，因此，大家都對新主子朱元璋服服帖帖。因此，第一貴人趙普勝雖然最終選擇了拋棄朱元璋，但助了朱元璋一臂之力卻是事實。

接下來，朱元璋帶領人馬繼續向採石磯進軍，不會料到，他馬上又得到了第二個貴人常遇春相助。

懷遠人常遇春和朱元璋少年時概括起來有「三同二不同」，三同：出身一樣，都是窮苦農民；成長一樣，都是少年便歷經風雨和磨難；個性一樣，都是歷經苦難痴心不改。不同：選擇的工種不同，朱元璋從小選擇放牛（這個沒得選，父母之命，生活之壓），而常遇春選擇的卻是習武（天生臂力蓋世，也沒得選擇），這樣的結果是導致後來選擇的就業方式不同，朱元璋後來選擇了當和尚（為了混口飯吃，沒得選），而常遇春卻選擇了當武師（為了混口飯吃，同樣沒得選）。長大成人後，常遇春和朱元璋再度上演「三同二不同」。三同：選擇的人生道路相同，在天下大亂、走投無路之下，兩人都選擇了加入起義軍。受到的待遇相同，都是從最基層做起，朱元璋的官職最開始只是個親兵，後來為九夫長（相當於班長）。常遇春最開始是個十夫長（相當於隊長），地位低微得像塵

埃。兩人面臨的困境相同，都是主子昏庸，懷才不遇。二不同：兩人選擇投靠的主子不同，朱元璋選擇的主子是郭子興，而常遇春選擇的主子是劉聚。兩人發跡方式不同，朱元璋是靠忍辱負重，憑著堅韌、勇敢、頑強，一步一步贏得了元帥的位置。而常遇春發現劉聚是個庸主之後，直接上了一道炒魷魚的菜，然後隱居山林，以待明主出現。

當然，常遇春並不需要「眾裡尋他千百度」，因為明主很快就出現了，這個人便是朱元璋。史書上是這樣記載的：這天，常遇春帶著幾個追隨者在和州城外「打草谷」，由於這天手氣差，沒有覓到食物，這個時候剛剛到了中午，又飢又餓又困的常遇春便躺在一棵大樹上想打個盹，結果這一躺就睡著了，睡著了通常可以幹四件事，一是養精，二是蓄銳，三是胡思，四是做夢。常遇春卻對這四件事來了個「串燒」，養精、蓄銳、胡思一氣呵成後，最美妙的莫過於做夢了。他夢見了一個奇怪的人，這不是一般的人，他是一個身披金甲、手拿堅盾的神人。這個神人不但長相神，行為舉止更神，只聽那神人唱著神曲。正當常遇春聽得入了迷時，神人又說話了，這次，他說的不是神話，而是人話：「起來吧，起來喲，你的主子就要來了！」

被神曲一吹，被神人話一催，常遇春想不醒來也不行啊，美夢也就此戛然而止了，接下來，常遇春沒有諸葛亮那樣的才華，睡醒了可以直接吟唱出「大夢誰先覺，平生我自知。草堂春睡足，窗外日遲遲」之類的詩詞來。而是站起身來，伸了伸懶腰，揉了揉眼睛，看了看遠方。這一看不打緊，直看得雙眼再也收不回了。只是遠處山底一隊人馬整齊有序、浩浩蕩蕩地通過，「朱」字旗幟迎風飛揚，特別是為首一個，騎著高頭大馬，氣宇軒昂，英氣勃發，如同神人一般。

莫非夢中神人所指的便是他？當下常遇春不管那麼多了，馬上衝上

去，如一隻攔路虎，直接堵住了朱元璋前行的路口，並且大聲叫嚷道：「此路乃我開，此樹乃我栽。欲從此處過，留下買路財。」

憑一人之力居然敢攔一隊之軍，朱元璋向「攔路虎」投去讚賞的眼光，細細地打量著他：身高八尺，額寬臉闊，燕眉虎鬚，不怒而威，果然不是一般的攔路虎。朱元璋心裡這麼嘆道，嘴裡卻說：「天下本沒有路，走的人多了便成了路。壯士怎麼說這路是你開的呢？」

常遇春肚子裡的墨有限，哪裡曉得這是千百年之後魯迅的名言，因此，慌亂地回答道：「我……我，我說是我開的，就是我開的，誰也不能與我爭辯。」

「那你是土霸王、山大王、地頭蛇、牆頭虎了。」

「廢話，我現在明明是一隻攔路虎。」

「不巧了，我什麼本事也沒有，唯一擁有的本事便是虎口拔牙。你的牙齒要不要我來幫你拔拔試試？」

「我的牙齒不痛，要你拔個屁？」常遇春的話剛一出口，朱元璋手下的士兵們便發出一陣鬨笑。個個笑得東倒西歪，弄得常遇春丈二和尚摸不著頭緒，「你們笑什麼？有什麼好笑的？」

「在下朱元璋，敢問壯士尊姓大名？」

「啊……你就是朱元璋啊，久仰大名。」常遇春雖然早就料到眼前這人是朱元璋，但當朱元璋自報大名時，還是有點驚訝，「大丈夫行不改名，坐不改姓，懷遠常遇春是也。」「啊……你就是常遇春啊，大名久仰。」朱元璋說著趕緊下馬來。兩個素未相識但神交已久的人，雙手終於牽在了一起。就這樣，常遇春尋到了明主朱元璋，而朱元璋又新添一員大將，這員大將可以稱為他的貴人，因為在攻打採石磯和集慶時，他立下了頭功。

# 一鼓作氣

得到了善戰的水師，擁有了渡河的船隻，又新得了一員猛將，朱元璋心情大好，接下來，是該行動的時候了。

西元 1355 年，在元朝那邊稱為至正十五年，在宋小明王這邊稱為龍鳳元年。這是六月的一天，天空儘管下著毛毛細雨，但朱元璋卻帶著他的起義軍忙得熱火朝天。朱元璋威風凜凜地站在主將臺，看了看不作美的天空，又看了看整齊如一的將士，他沒有情不自禁地說「生活有多美好」，而是這般搖頭晃腦地吟道：「江南好，風景舊曾諳。日出江花紅勝火，春來江水綠如藍。能不憶江南？」就在大家不知道是啥子意思時，朱元璋改口白話文，進行了戰前總動員：「昔日項羽破釜沉舟過黃河，鉅鹿顯神威，從此成為一代霸主。今日我們來個破釜沉舟過長江，採石磯顯神威如何？」

「採石磯顯神威，採石磯顯神威……」士兵們附和著。

朱元璋很是滿意大家的表現，突然唰地拔出身上佩劍，指向天際，大聲叫道：「出發！」

頓時大砲長鳴，十萬雄師魚貫而出，邁開了前進的步伐。正在這時，一個身影擋在朱元璋面前，正是常遇春。

「常將軍這是幹啥？」朱元璋見狀不惱反喜，嘴上卻道，「莫不是臨陣畏敵，想要當逃兵嘍！」

那常遇春跨前一步，厲聲道：「俺歸元帥，手無寸功，很是慚愧，因此，斗膽請求擔當先鋒。」

「想當先鋒可沒那麼容易，先不說徐達等人了，我這裡還有個綽號『急先鋒』的花雲在，你得問問他答應不答應。」朱元璋使出的是激將法。

「什麼急先鋒，我是應急先鋒，比他還多一個字呢。」常遇春道。

「可是，你現在當應急先鋒，誰也不服啊！」朱元璋繼續將他的軍。

「簽下軍令狀，如果我這個應急先鋒打不下頭陣，攻不下採石磯，不拿敵軍將帥的頭顱來見元帥，便提自己的人頭來見。」常遇春急得雙眼像殺豬似的，通紅通紅。

「既如此，君子一言……」朱元璋話音未畢，常遇春已接著道：「駟馬難追。」

就這樣，常遇春成了先鋒，就這樣，朱元璋的大軍很快向江對岸的採石磯駛去。徐達、邵榮、湯和、常遇春、胡大海、廖永安的戰船一字排開，頓時出現了舳艫齊發、雲帆蔽江的盛壯場景。軍士們無不歡呼雀躍，群情激昂。然而，船行到中流時，朱元璋盯著遠處的採石磯看了半晌，突然道：「先攻牛渚磯。」看著眾將面面相覷、一臉驚訝的表情，朱元璋頓了頓，收回幽長的目光，目光如鷹眼一樣，一一掃過眾將的臉龐，接著道：「採石磯乃元軍沿江的軍事重鎮之一，防備必然森嚴，貿然去攻，效果未必好。不如先占領了防守相對薄弱的採石磯南部的牛渚磯，站穩了腳跟，再攻採石磯便事半功倍了。」

眾將一聽，只有嘆服的份兒了。當然，說歸說，牛渚磯的守將是元軍名將蠻子海牙，他也不是浪得虛名的，早已磨刀霍霍，做了緊急備戰預案，因此，磯邊布滿了弓箭手和長槍手，就等待送上門來的獵物。

當然，他們料到朱元璋的軍隊會來，沒料到會來得如此之快（怎麼一下子找到了這麼多過河的船隻呢？怎麼採石磯那邊還沒有動靜，就一

下子到我們這邊來了呢？），如此之猛（個個如狼似虎直撲而來），如此之多（密密麻麻，比螞蟻還多）。

事實上兩軍都很勇猛。當朱軍靠近牛渚磯時，元軍在磯上萬箭齊發，同時朱軍在船上萬箭齊發，進行了互射大比拚。但畢竟元軍占據了地利，因此朱軍的船很難再靠近磯邊半步，即使有個別船隻靠近了石磯，但想托起雲梯搭在石壁上往上攀登時，沒有「攀登高峰望故鄉，風沙萬里長」的美妙感覺，而是「何處傳來慘叫聲，聲聲敲心坎」。原來，此時磯上轟隆隆滾木礌石落下來，死，是必然的；不死的，是奇怪的；傷殘，是幸運的了。場面於是就這樣僵持下來，朱元璋看著這一切，一籌莫展。他沒有料到牛渚磯名副其實，就像一頭犟牛一樣難以攻破。不由得嘆道：攻牛渚磯難，難於上青天。

就在這時，只見上游一條小船飛一般地駛過來，撐船人濃眉大眼，目如銅鈴，昂首而立，威風凜凜，卻不是應急先鋒常遇春又是誰？但見常遇春手裡拿著一根兩丈有餘的長竹竿，當船離磯邊只有數丈遠時，這時磯邊守軍的箭如雨般射向他，常遇春臨危不亂，驀然雙手撐著竹竿，凌空躍起，身子在空中劃過一道完美的弧線，如燕子般落在了磯上。

元軍們看得目瞪口呆時，常遇春已從背後抽出大刀，使出「常家刀法」揮舞起來，頓時亂石紛飛，山昏地暗，刀鋒所向之處，敵軍慘叫而倒，嚇得元軍紛紛敗退。

這一切，督戰的朱元璋看得真切，看得驚心動魄，也看得熱血沸騰，當下再不遲疑，令旗一揮，大聲叫道：「元軍已經敗潰了，大夥衝啊！」

頓時，戰鼓擂動，朱軍呼嘯著，如排山倒海般衝殺過去，元兵早已嚇破了膽，哪裡還有心思抵抗，紛紛夾著尾巴逃跑。蠻子海牙此時雖然心有不甘，還想再力挽狂瀾，但已是孤掌難鳴，無力迴天，為了不和朱

軍同歸於盡，他只好帶著殘兵敗將跑得比秋風掃落葉還快。就是這樣，牛渚磯很快成了朱元璋渡江後占領的第一塊地盤。

牛渚磯失陷後，給採石磯帶去了巨大的震撼，結果在應急先鋒常遇春的努力下，採石磯很快豎起了白旗。至此，朱元璋第一步計劃圓滿實現。

值得一提的是，牛渚磯和採石磯兩「磯」之戰，常遇春在形勢不利的危急之際，尋找機遇，用實際行動證明了自己的才能，取得了最後勝利，得到了朱元璋的賞識，贏得了大家一致認可，從而取代花雲奠定了急先鋒的基礎，他的人生也開始發跡。有詩為證：

力拔山兮氣吞江，震六合兮驚八方。

若問猛士何許人，大名遇春本姓常！

# 破釜沉舟

攻下採石磯後，朱元璋正在喜頭上，麻煩卻來了。原來採石磯是很富裕的城池，城裡屯了大量的牲畜和糧食，對於長期忍受飢餓的朱軍來說，沒有什麼比吃的更重要了。因此，進了城後，一向以紀律嚴明著稱的朱軍再也抵不住誘惑，露出了人類貪婪的本性，紛紛停止了對元軍的追擊，轉頭對糧草、牲畜展開了瘋狂的追擊。

搶到糧草背著走，搶到牛羊拉著走，搶到女人扛著走。滿載而歸後，紛紛往船上裝載，整個場面用九個字可以形容：雜而亂，亂而糟，糟而糕。俗話說：「牡丹花下死，做鬼也風流。」此時的士兵是糧草馬下死，做鬼也不悔。吃飽喝足，就算死了，也值得。朱元璋眼看叫喊已是沒用，制止已是無效，馬上把徐達叫到眼前，然後說了這樣一句話：「我們好不容易渡江過來，有幸占領了採石磯。下一步應該是馬上實行第二步去攻取太平才對。現在如果對士兵們的搶奪劫掠聽之任之，得到這點蠅頭小利便滿足，再渡江回和州，那麼，我們就前功盡棄，前程盡毀了，那還談什麼下江東、占集慶，成就霸業？」

「元帥說怎麼辦，就怎麼辦，得當機立斷才行。」徐達道。

「只有斷了大家的歸路，大家才會奮勇向前。」朱元璋說著意味深長地看著徐達，馬上說出了「斷路」的具體操作方法，八個字：砍斷船繩，隨波逐流。

接下來，徐達知道該怎麼做了，他馬上帶著親信士兵來到了江邊，手起刀落，將船隻的纜繩砍斷，再將船推入疾流中，船便如脫韁之馬，

順流而下，一瞬間便孤鴻渺渺了。親信士兵自然也知道該怎麼做了，他們紛紛學著徐達的舉動，砍繩，推船，一氣呵成。不多時，那些滿載的船便紛紛隨波逐流了，上千船隻上演了飛流直下的盛世景觀。

等將士們趕到江邊準備滿載而歸時，發現江邊空空如也，已無一船，正驚愕慌亂間，朱元璋出現了，他大聲道：「大家知道這是怎麼回事嗎？」

「想必江邊風大把船吹走了。」一人道。

「答對了三分之一。」朱元璋道。

「想必有人故意砍斷了纜繩，船才能吹走吧。」有人接著道。

「又答對了三分之一。」

「想必有幕後指使，不然一般人也沒有這個膽量。」另一人道。

「全部答對了。」朱元璋大聲說道，「這個人便是我。」

「啊？！」眾人驚撥出聲，顯然，朱元璋的舉動令他們很不解。摧毀了船隻，銷毀了財物，這豈不是斷了自己的退路嗎？

「大家知道這叫什麼嗎？」朱元璋又問。大家都沉默不語，不少人在心裡肯定在說，這叫自取滅亡，自尋死路，自不量力……隔了半晌，朱元璋這才徐徐道地：「這叫破釜沉舟！剛渡江時，我就說過，昔日項羽靠破釜沉舟大獲成功，今日我們也來個破釜沉舟，大顯神威。」大家頓時安靜下來，靜靜地聽朱元璋的下文。

朱元璋接下來直接教會了大家一個關鍵句：幹大事而惜身，見小利而忘命，非英雄也。解析如下：我們的目標是解救天下黎民百姓於水火，成就大業於亂世，建立不朽功勳留於後人，現在我們剛剛拿下採石磯，萬里長征才跨出第一步，如果這時我們就沾沾自喜，就自我滿足，就故步自封，那麼，我們跟流氓土匪又有什麼區別？那麼，我們離滅亡散夥

的日子也就不遠了。現在我破釜沉舟的目的就是要斷了大家的歸路，就是要和大家齊心協力共展宏圖大志，共圖美好未來，共建美好家園。按「三步走」計劃，第二步的太平近在咫尺，那裡財帛美女應有盡有，比這裡富裕百倍、千倍。到時候榮華富貴大家享之不盡，用之不完，既可封妻廕子，又能衣錦還鄉，豈不美哉、壯哉、喜哉？

一席話說得大家熱血沸騰，豪情滿懷，壯志凌雲。於是乎，大家的情緒沒了，抱怨沒了，心情又開朗了，力量又聚集了，向著太平這個目標磨刀霍霍起來了。

當然，朱元璋說到了太平便讓大家享受榮華富貴，純屬唬弄之言。因為他說完這段話，等大家心潮澎湃地回營後，他馬上走進了他的智囊團「團長」李善長的營寨。一陣寒暄後，李善長道：「元帥來找我不是聊天，而是叫我辦事的吧！」

「先生真是火眼金睛，誰有點風吹草動都逃不出你的眼。」朱元璋笑道。

「做點呆事、傻事、笨事我還是能做到的，做大事就不能辦到。」

「這事不是呆事、傻事、笨事，說大不大，說小不小，說難不難，說容易不容易，說一千句道一萬句，就是……」朱元璋話還沒出口，李善長早已接著他的話道：「就是起草一份文案而已。」

「知我者，先生也。」兩人說著撫掌而笑。

「先生無非是想學昔日劉邦到咸陽為了防止士兵們擾民，發表了一系列具有法律約束性的文案和制度，從而得到了百姓的擁護，最終成功統一了天下。」李善長說著呷了口茶，才定定地看著朱元璋道：「昔日劉邦發表的政策叫《約法三章》，元帥這一套政策叫什麼好呢？既要創新，又要朗朗上口，還要通俗易懂。」

「先生一直在思索這個問題，想必早就想好了吧。」朱元璋問。

「《戒戢軍士榜》如何？」李善長道。

「戒戢軍士榜，戒戢軍士榜……」朱元璋唸了幾遍，接著道，「好，這個名字既創新，又朗朗上口，還通俗易懂，就定這個名字。內容就有勞先生費心了。」

「元帥且看這個如何？」李善長說著，從身上變魔術般地變出了一份文稿來。封面上「戒戢軍士榜」五個大字特別耀眼。朱元璋驚喜交加，接過書稿，從頭到尾翻了一遍，讚嘆道：「知我者，先生也；棋高一著者，先生也。」

事實上，朱元璋果然很有眼光，李善長起草的這份《戒戢軍士榜》很快在戰場上就派上了用場。

第二天，朱元璋便向太平進軍，打出的口號：不奪太平，誓不罷休；奪下太平，天下太平。事實上，太平離採石磯只相隔二十多里路，因此，朱軍由觀渡經太平橋，不到半日的工夫便抵達了太平城下。守城的元將平章（官名）完者不花、萬戶（官名）萬鈞、達魯花赤（官名）普里罕忽里等將領很配合，根本沒給朱軍練靶子的機會，馬上來了個棄城而逃，太平自然是不戰而降。

兵不血刃地占領太平後，士兵果然見到了朱元璋所說的那般美好，太平城裡不但糧草如雲，財帛如雲，更誘人的是美女亦如雲。

「搶啊，拉啊，奪啊，打啊，追啊，要啊……」士兵們覺得是朱元璋履行諾言、讓他們付諸行動的時候了。然而，正在這時，卻見城中的大街小巷貼滿了布告，布告的名頭便是《戒戢軍士榜》，其內容：擄掠姦淫者，殺無赦；聚眾生事者，殺無赦；打架鬥毆者，殺無赦……

「殺無赦」三個大字怵目驚心，頓時鎮住了原本騷動的士兵，剛要現出「獸性」本能的他們又再回到「文明」。當然，也有個別不信邪的「愣頭青」，要以身試法，結果被朱元璋派出的治安隊員捕獲。朱元璋二話不說，直接推到鬧市，來了個斬首示眾。殺一儆百後，士兵們見狀哪裡還敢再亂來，於是為了不做罪犯，個個秋毫無犯。

　　朱元璋的軍隊進了太平城後，表現得文明、文雅，讓城中百姓大為稱讚，有的紛紛拿出美酒佳餚來慰問朱軍。很快，士兵和群眾就展現出一片其樂融融的景象。

# 第九章
# 我和集慶有個約會

# ▎廣納賢才

　　當然，到了太平城，朱元璋除了未雨綢繆，發表了《戒戢軍士榜》，還再度把自己的軍隊打造成紀律嚴明的威武之師、雄壯之師，不但收穫了民心，還收穫了當地有名的儒士，從而使自己的智囊團進一步壯大。到太平城之前，朱元璋的智囊團成員主要有：淮西和江北的李善長、馮國用、范常，濠州的郭景祥、李夢庚，定遠的毛騏，滁州的楊元杲、阮弘道，全椒的侯元善、樊景昭，舒城的汪河、王習古、范子權等人。他們各有所長，各有千秋，各具特色。也正是在他們各司其職、各顯神通的幫助和支持下，朱元璋才得以逆境揚帆，各個擊破，進駐太平。

　　朱元璋不會知道，太平不但是個金窩、銀窩，還是個「才窩」。他到這裡又得到了不少奇人異士，為他日後打天下打下了堅實的基礎，這裡且提一下太平城的絕代雙驕陶安和李習。

　　陶安，字主敬，姑孰人。用一句話來概括他的相貌特徵：貌癯而內蘊機略，少敏悟。用一句話來概括他的才華：六歲失怙，讀書日記千言，人異之。意思就是說，小時候就聰明過人，每天都讀完大量的書，而且讀完就能背誦出來。用一句話來概括他的特長：「弱冠博極群書，尤深於《易》。」用一句話來概括他的理想：「有大志，嘗以王佐自負，人未之許也。」

　　至正四年（西元 1344 年），久負盛名的天才少年陶安初試鋒芒，參加了浙江鄉試，高中榜首。陶安再接再厲，接著參加了北京的會試，結果陰溝裡翻船，榜上無名。四年後，磨刀霍霍的陶安捲土重來，再度參加了北京的會試，結果還是四個字：名落孫山。倔強的陶安沒有參加第

三次，因為他終於知道了內幕，知道再考也是一樣的結果。灰心之下，他當起了老師，任集慶明道高節書院山長，講授濂洛關閩之學。用一句話概括他此時的感受：懷才不遇。

　　然而，他的教師生涯並沒有維持多久，起義的浪潮便席捲而來，於是書是沒法教了。又回到了太平故里過起了「小隱隱於野」的生活。起義軍的風起雲湧曾一度讓陶安熱血沸騰，騷動不已。然而，起義軍的低素養也讓他一度感到很失望（燒殺搶劫，鼠目寸光，殘暴不仁）。正在這時，元軍的最後一位賢相脫脫為了力挽狂瀾於既倒，採取了緩和民族矛盾的政策，選拔了南方一些才子在中央中書省、樞密院、御史臺等重要部門任職。得到這個消息後，陶安激動不已，當時對起義軍失望的他，對元朝還抱有最後一絲希望。就在他準備「復出」時，在「應徵」過程中卻看清了元朝的「廬山真面目」，腐敗、虛偽，尤其是對漢族的歧視、對知識分子的歧視。當時元朝對社會各階層的排位：一官二吏，三僧四道，五醫六工，七匠八娼，九儒十丐。第九等才是儒生，當時知識分子的地位居然在娼妓之下，出現了「笑儒不笑娼」的奇觀，還好儒生不是墊底的，墊底的是乞丐，所以在那個時候知識分子開始有了個外號叫「臭老九」（因為都排到老九去了，還不臭嗎）。最開始，陶安還覺得這只是「虛位」罷了，有脫脫丞相在，這一切應該會改變了吧！然而，他在面試時，依然遭到的是冷嘲熱諷，依然遭到的是赤裸裸的歧視。他真真切切地感到了這種歧視實實在在，且會延續下去，原本火熱的激情降到了冰點，毅然選擇了打道回府。不久之後，脫脫成為元朝內訌的政治犧牲品 —— 光榮「失業」了，而陶安也因此對元朝徹底死心了。

　　從此陶安兩耳不聞窗外事，一心一意過起了隱居生活。他原本以為，他的一生就會在這樣的自由自在、無束無縛、無花無果中虛度，然

而，一個人的出現卻讓他原本如死水般的心蕩起了一陣漣漪。

這個人便是朱元璋。朱元璋的義舉、善舉、豪舉……早已傳到他的耳朵裡。俗話說：「百聞不如一見。」聽到這些的時候，陶安還是將信將疑，舉棋不定，但當他親眼看到朱軍來到太平城後的所做、所為、所行時，他發出了這樣的感嘆：「這絕對是一支仁義之師啊！」仁者無敵，跟著他們幹，大有前程啊！於是，陶安不再遲疑，馬上叫上太平的另一位名士李習一起來投奔朱元璋。

李習，字伯羽，在當地可以用「三大」來形容。一是名氣大（當地有名的儒士，德高望重），二是年紀大（八十多歲了），三是胃口大（據說每頓能吃一升米、十斤肉、一壺酒）。但現實生活中他卻頓頓吃不飽、穿不暖。為此，他一看到朱元璋，不顧八旬年紀，被陶安一拉就同意了。

也正是因為這樣，陶安和李習成為朱元璋渡江後最早迎接朱軍的舉人。

朱元璋聽說來了兩位奇人異士，很是高興，親自出門來相迎。一見面，朱元璋便說了句石破天驚的話：「久仰二位先生大名，今日得以相見，實乃三生有幸。」

陶安明知道這是朱元璋恭維的話，但見朱元璋這般愛才，心中一動，不由得在心裡發出這樣的感嘆：「龍姿鳳質，非常人也，我輩總算找到明主了！」

# 千軍易得，一將難求

　　攻占太平後，朱元璋一邊伺機奪取集慶，一邊努力經營這塊臨時根據地。他決定加強行政管理，將太平路改為了太平府，並任命李習為知府，掌管民政等一切繁雜工作。同時，又設定了太平興國翼元帥府，自封為大元帥。任命手下目前頭號謀士李善長為帥府都事，陶安、宋思顏為幕府參事，汪廣洋為帥府令史，梁貞、潘庭堅為帥府教授，共同處理帥府日常政務。

　　要知道陶安、李習、汪廣洋、宋思顏、梁貞、潘庭堅都是太平一帶的名儒，都是德高望重、呼風喚雨的人物。自陶安和李習歸順後，他們聞風而投，結果朱元璋沒有虧待他們，採取了「師夷長技以制夷」的策略，用太平人來管太平城，知人善用，別出心裁，獨樹一幟，別具一格，讓人稱嘆。

　　就在朱元璋在太平大刀闊斧地進行改革經營，忙得不亦樂乎時，元軍也沒有閒著，元朝右丞相阿魯厭、副樞密使絆住馬、中丞蠻子海牙等人也組成了強大的智囊團，召開了軍事擴大會議，集眾人智慧，商量對付朱元璋的應敵之策。最終決定以牙還牙，同樣以兩步驟來對付朱元璋的三步驟。當然，朱元璋的三步驟走是胸羅天下、放眼全域性、氣吞山河的三步驟。而阿魯厭的元軍兩步驟，則是急功近利、鼠目寸光、亡羊補牢的兩步驟。

　　第一步是以大船封鎖住了採石江面，並且封閉了姑孰口。目的很明顯也很毒辣，切斷了朱軍的退路，準備來個甕中捉鱉。

果然，第一步，非常成功。朱軍又驚又恐，軍心開始動搖。

　　元軍大受鼓舞，接著第二步驟，採取借刀殺人之計，以利誘的方式引誘當地的兩個土霸王康茂才和陳野先攻打太平府。康茂才和陳野先也知道，集慶一旦讓朱元璋占了，他們這兩個土霸王也就當不成了，再加上元朝承諾事成之後，封官加爵。於是，康茂才聯合陳野先帶領軍馬很快就對太平府進行了赤裸裸的挑釁。

　　朱元璋剛拿下太平城，還正在休養生息中，面對康茂才和陳野先的突然兵臨城下，也感意外，再加上此時元軍已在採石江面上做了手腳，截斷了他們的退路。因此，朱軍防守起來很是吃力，手下的智囊團又剛剛各司其職，忙得暈頭轉向，一時哪有妙計退敵啊！正在朱元璋陷入苦惱的時候，他的第二任夫人郭寧蓮出場了。前面已經說了，朱元璋的元配夫人馬秀英，對他的幫助很大，當年郭子興猜忌朱元璋，如不是馬秀英從中相助，恐怕朱元璋有九條命也不夠當政治犧牲品的。

　　因此，朱元璋的元配夫人馬秀英可以用「賢惠」來形容，而他的第二夫人郭寧蓮卻可以用「潑辣」來形容。郭寧蓮的潑辣具體展現在，她從小跟父親郭山甫及哥哥郭英、郭興學武，不愛文章愛武裝。整天打打殺殺的人能不潑辣嗎？當初朱元璋納他為第二夫人，一是為郭寧蓮的父親的誠心所感動，二是被郭子興一波又一波的猜忌所感喟，三是被郭寧蓮獨有的氣質所感染。事實證明，朱元璋的眼光果然獨特，郭寧蓮雖然潑辣，但做事雷厲風行，甚至連行軍打仗都是一馬當先，當真是巾幗不讓鬚眉。而此時，就在朱元璋憂愁煩惱時，郭寧蓮出現了。她的出現讓朱元璋發出了這樣的感慨之言：何以解憂，唯有蓮兒。

　　蓮兒是朱元璋對郭寧蓮的暱稱，這句話的分量之重可想而知。因為郭寧蓮的這一計，使得太平城轉危為安。

郭寧蓮的計謀很簡單實用，只有一句話：槍林雨彈不如糖衣砲彈，金盃銀盃不如眾人的口碑。一句頂萬句，只這一句話就足夠了。接下來，朱元璋知道該怎麼做了，他開啟了國庫中囤積的金銀財物，然後全部搬到城牆上，當然，不是站在城牆上拋下去給康茂才和陳野先的士兵撿、讓他們拿了手軟，從而退兵。而是當眾賞賜給守城的將士。

　　重賞之下必有勇夫，果然，朱元璋把糖衣砲彈對自己人一轟，士兵們士氣大振，馬上把槍林箭雨朝城下射擊，銳不可當。守軍一發威，攻城的康茂才和陳野先，連攻數日，都毫無進展，於是雙方進入僵持膠著狀態。

　　與此同時，朱元璋已想出了破敵之策：偷襲。具體行動如下：派徐達和鄧愈在夜裡偷偷潛出城外，然後走「繞城公路」，繞到陳野先軍隊的後面。等一辦妥之後，朱元璋開始發威，他領著湯和等猛將突然開啟城門，結果打了陳野先一個措手不及。慌亂之下，陳野先只好先選擇了撤退，心想：等回過神來再收拾你這個臭小子。事實證明，這只是他一廂情願的想法，因為接下來，徐達和鄧愈又開始發威了。他們等在那裡，這時正好來個「痛打落水狗」。前有堵兵，後有追兵，這是什麼概念？正如陳野先發出的感言：吾中計也。說完這四個字，他已成了階下囚。

　　階下囚通常有兩個結局，一是投降，二是寧死不屈。但陳野先卻硬是重新生出一個新的結局：偽投降（既不投降，又不寧死不屈）。過程如下：

　　當陳野先被押到朱元璋面前時，朱元璋大怒道：「怎可對陳將軍如此無禮？」說著，馬上親自為陳野先鬆綁。

　　「敗軍之將，要殺要剮悉聽尊便，何必假惺惺故作大方。」陳野先不吃這一套。

　　「不是我大量，是我實在不忍心對你下手。」朱元璋看著陳野先一字一句道地，「同是造反人，相煎何太急？」

「莫非想要我投降？」

「正是此意！」朱元璋喃喃道地，「千軍易得，一將難求。」

「如果我不投降呢？」

「將軍是個識時務的人，不會這麼看輕自己的生命，你說是嗎？」

「我的確還捨不得死！」陳野先說著頓了頓，才又接著道，「為了表達我對你的謝意，我願修書一封，叫我的部下也來歸順你。」

「如此甚好！」

於是乎，陳野先立即修書一封，叫人送給他的部將。原本這只是他的唬弄之計，目的是先麻痺朱元璋，再尋脫身之策。他原本以為這封信投出之後會如泥牛入海般杳無音信。但事實證明，他的部將看了信不但信以為真，而且還以實際行動來證明了。第二天，幾萬人馬便呼呼地來到集慶城外，朱元璋開始還以為又是哪股孟賊想來奪城，正要備戰時，卻發現來人豎起白旗，上書，奉陳將軍之命，前來歸順。朱元璋看了大喜過望，馬上把他們迎進城來。陳野先看了欲哭無淚，傷心地轉過身去，不讓手下士兵看見自己的眼淚。什麼叫弄巧成拙？由此可見一斑。

「我們結拜成兄弟吧！」朱元璋大喜之下，提出了這樣蓄謀已久的想法。目的不言而喻，一是進一步穩住陳野先的心，二是進一步穩住陳野先三萬歸順將士的心。

對此，陳野先沒有提出異議，事情發展到這個地步，他只能破罐子破摔，還能做什麼？於是乎，朱元璋殺牛殺馬，祭告天地，兩人跪拜於地，說出這樣老掉牙的話來：「不求同年同月同日生，但求同年同月同日死。」說著，兩人喝血酒，點香燭，總之，場面熱鬧而莊嚴。

穩住了陳野先後，朱元璋馬上上演對集慶的第一次進攻。當然，戰

前，朱元璋採取的辦法：兵分兩路。一路由徐達率領，繞到集慶城後面進行包抄攻城；一路由張天佑率領，直接對集慶進行強烈攻城。

徐達率領的是朱元璋的主力人馬，為什麼卻被安排間接攻城？那是因為張天佑率領的是陳野先的舊部，所以派他們直接攻城進行火拚，可見朱元璋對陳野先還是有提防之心的。不讓陳野先親自帶領他的舊部人馬上陣，嘴裡美其名曰：「你需要好好休息一段時間。」

朱元璋玩兒的是陰招，陳野先也不是吃素的，他也玩兒起了陰招。你讓我的士兵上陣，我現在雖然不能直接拒絕，但我可以對士兵進行動員啊，告誡他們四個字：不能給力。他的老部下畢竟跟他久了，所謂心有靈犀一點通，馬上知道了陳野先的意思。於是在進軍中，他們表現得很不給力。結果可想而知，一支沒有進取心的隊伍怎麼能取勝，結果一到集慶城下，便被以逸待勞的元軍打得兵敗如山倒，很快撤了回來。結果另一路徐達帶領的朱軍在少了援助的情況，也無功而返。

# 借刀殺人

　　朱元璋第一次攻打集慶就這樣草草收場，結果雖然沒有拿下集慶城，卻探出了陳野先的心意，於是朱元璋找到陳野先，來了個直接「攤牌」：「我倆雖然結為兄弟，但人各有志，勉強不得，你是想歸順元軍，還是跟著我幹，請你仔細思考再做選擇。」

　　陳野先聞言後，先是一驚，隨即又鎮定下來，接下來為了證明自己的「清白」，他馬上對著朱元璋進行了發誓：「元帥對我們的再生之恩永世不忘，我願誓死追隨元帥，如違此誓，天地不容，神人共誅！」

　　誓言之所以感人，那是因為承諾得太多、承諾得太重、承諾得太快。但誓言和謊言只有一字之差，通常一脈相承。因為太多的誓言承諾到最後往往成了謊言的代名詞。

　　此時此刻，眼看陳野先發起了毒誓，朱元璋當然感動了，連忙說：「我們都是結拜兄弟了，不必發此重誓！我當然相信你了。」為了證明「相信」，朱元璋也來實際的，他馬上派陳野先帶領他的舊部到集慶南部外圍「剿匪」，並且馬上還以承諾：我隨後便派大軍來支援你，到時候一起攻打集慶，軍功章上自然會記上你的功勞。

　　陳野先聞言大喜，心裡嘆道：「這個世上的人還是喜歡聽真實的謊言啊！這是脫離虎口最好的機會！」

　　當然，朱元璋也不是那麼好唬弄的，他本著害人之心不可有、防人之心不可無的原則，在陳野先帶兵出發時，以「戰場上太危險，前線太危險」為由，要陳野先及部下的家屬留在太平城，美其名曰照顧，實則

是把他們強行留下當作人質。陳野先的妻兒也沒有倖免。朱元璋原本想，我扣押你的妻兒在手上，諒你有狼子野心，也不敢輕舉妄動。然而，他不會料到，陳野先人如其名，一是「野」，在他心裡妻兒如衣服，破了還可以「縫補」，而兄弟如手足，手足斷了不可「續補」，因此，朱元璋扣其妻兒對於陳野先這個具有狼子野心的人來說，並不算什麼，更談不上威脅。二是「先」，朱元璋的派遣令才下，陳野先早已先一步派人到山寨，糾集三萬餘舊部，隨即進駐板橋，並與集慶的元行臺御史大夫福壽聯繫上了，密謀聯手對朱元璋下黑手。

於是乎，到了前線的陳野先，很快就給朱元璋寫了一封信。信中不是敘說分別之後的相思之苦，而是敘說分別之後帶兵攻集慶的功勞、困難、建議等。功勞有二：一是與元兵交戰屢戰屢勝，二是殺敵無數。困難有二：一是集慶城池堅不可摧，二是我軍糧草不足，形勢不利。建議：放棄攻打集慶改攻鎮江。捨不得孩子套不住狼，出其不意地打下鎮江後，一是可以切斷集慶的糧道，二是進可攻退可守，長此以往，集慶不戰自亂，不堪一擊，不攻自下。

總之一句話，陳野先這一招在《孫子兵法》上可以用四個字來形容：緩兵之計。應該說陳野先的思路和想法都是好的，如果能這樣把朱元璋「引蛇出洞」來攻打鎮江，到時候，他和福壽聯手對朱元璋進行夾擊，自然是「大事可成也」。他原本以為自己的計畫天衣無縫，無懈可擊。然而，他百密一疏，忘了朱元璋不是吃素的，他除了扣押了他的妻兒做人質，還在他的舊部中安插了間諜。陳野先的一舉一動，自然完全在朱元璋的掌控之中。因此，當陳野先的「絕密信」送到朱元璋案前時，早已不「絕密」了。陳野先的信剛到，朱元璋便進行了回信。信的內容概括起來只有四句話：

第一句：集慶是龍盤虎踞之地，是軍事咽喉之地，是立足之本之地，易守難攻。

第二句：你現在屢戰屢勝，形勢應該是一片大好，需要繼續發揚這種精神。

第三句：轉攻鎮江，那不叫迂迴戰術，而叫捨近求遠，捨本逐末。

第四句：你現在乘勝對集慶發動大舉進攻，我隨後發兵來支持你。

朱元璋在信中不但成功戳穿了陳野先的陰謀，而且還要陳野先當攻打集慶的「炮灰」，因此，接到朱元璋的回信後，陳野先氣得把信撕了個「灰飛煙滅」。

當然，陳野先氣歸氣，沒有氣到吐血，而是馬上調整了心情，恢復了元氣，很快氣下眉頭，計上心頭。第一招緩兵之計「引蛇出洞」沒有成功，馬上使出第二招「瞞天過海」。具體步驟：

一是對內密約元將左荅納識里到營中進行談話，商談相關合作事宜；

二是對外詐稱左荅納識里是俘虜；

三是邀請朱元璋來參加左荅納識里投降的交接儀式。

總之，一句話，朱元璋一旦來了，便生擒軟禁他沒得商量。

朱元璋此時已對陳野先知根知底，徹底看清了他的真面目。因此，陳野先這樣的雕蟲小技，對於他來說不值一哂，就推託說：我最近很忙，交接手續你看著辦就是了。

就這樣，朱元璋輕輕鬆鬆便化解了陳野先先發制人的兩個陰招，但此時陳野先畢竟像放飛的風箏已是自由之身，隨時都有飄走的可能。朱元璋也沒有讓他進行無窮無盡的出招，而是馬上就進行了反擊。他反擊的計謀在三十六計裡有個很好聽的名字：借刀殺人。他派郭天敘、張天

佑甥舅兩個率領所部人馬前去和一線的陳野先會合，伺機攻取集慶。

原來郭天敘、張天佑一直雪藏在滁州，但聽說朱元璋一路勢如破竹攻下太平後，使出「陸地飛雲」的輕功，朱元璋率大軍剛進城，屁股還沒坐穩，郭天敘兄弟在舅舅張天佑的庇護下便來到了太平城。

一山不容兩虎，這樣一來，朱元璋為難了。郭天敘被小明王封為都元帥，朱元璋只是左元帥，雖然朱元璋掌握了兵權，從郭氏集團裡「分割」出來了，但名義上郭天敘還是朱軍真正的主兒。也正是因為這樣，郭氏兄弟一來，朱元璋失眠了。如何處置這個燙手的山芋的確是件棘手的事。然而，他的麻煩很快就解決了，因為陳野先的步步緊逼，反而讓朱元璋有機可乘。陳野先「吃外扒裡」，而郭天敘則「吃裡扒外」，他們才是般配的一對。朱元璋此時派出郭天敘、張天佑甥舅就是要讓他們去跟陳野先火拚，雙方無論誰傷誰亡都是朱元璋想要看到的結果，鷸蚌相爭，漁翁得利，等他們兩敗俱傷後，他再來收拾殘局。用一句話來形容，這就叫「一石二鳥」。

而事情的呈現也驗證了「一石二鳥」的可行性。張天佑和郭天敘舅甥非但沒有領會到朱元璋的計中計，反而認為這是一次展現自我的大好時機。是啊，朱元璋幾乎把所有的功勞都奪走了，這讓他們感到了肩上沉甸甸的壓力。是啊，槍桿子底下出政權，不打幾次勝仗，何以服眾？不打幾次勝仗，何以擴充實力？不打幾次勝仗，何以樹立威信？不打幾次勝仗，光芒永遠都會被朱元璋籠罩。於是乎，他們出兵後，熱情很高，並且很快和陳野先來了個「約定」，他們攻打集慶東門，陳野先配合攻打南門。

很快，張天佑和郭天敘舅甥就體會到了現實與理想之間的差距。他們兩面夾擊的方針和策略是好的，但想法卻過於一廂情願。張天佑和郭天敘是真功實做地攻城，而陳野先是假戲真做地表演攻城。所以儘管雷

聲大，但雨點小；儘管炮聲大，但效果差；儘管士氣高，但城牆更高。堅持了數天，連續發動了好幾次猛攻，都沒有實質性的效果，張天佑和郭天敘舅甥只好暫時停止了盲目進攻，轉而苦思破敵妙計。

而正在這時，一直沉默寡言的陳野先說話了。他派人對張天佑和郭天敘舅甥說，他準備了一頓酒席，一來為兩位將軍壓驚，二來敘敘舊情，三來共商破敵妙計。請兩位將軍務必以國事為重，大駕光臨。

張天佑和郭天敘舅甥接到了邀請函，高興地對視一眼，小陳這個小子還是蠻乖順的嘛，蠻懂得禮貌的嘛，蠻識時務的嘛，等破了集慶城，得給他記上頭等功。於是想也沒有想就去赴了約。殊不知，等待他們的不是壓驚宴，而是鴻門宴。鴻門宴之所以叫鴻門宴，那是因為酒無好酒，宴無好宴，去了沒有好果子吃，甚至會掉腦袋。單純而善良的張天佑和郭天敘舅甥很快就體會到了鴻門宴的殘酷，席間，陳野先喝著喝著，故意裝著酒杯沒拿穩，啪的一聲，酒杯落了，酒花四濺開來。就在張天佑和郭天敘舅甥驚訝萬分的時候，陳野先事先埋伏好的刀斧手開始上場表演了，他們衝上前，對著張天佑唰唰就是一陣練靶子，張天佑很快成了刺蝟。一旁的郭天敘眼看親舅舅變成刺蝟，嚇得尿溼了褲襠。

是啊，對於陳野先來說，張天佑是最危險的人物，因此，對他實行了快刀斬亂麻式的「斬立決」。當然，如果你認為陳野先良心發現，放了郭天敘那就大錯特錯了。不殺郭天敘，一是因為他太文靜、太懦弱，二是因為郭天敘另有他用。陳野先很快就把郭天敘送人了，獻給的自然是元軍，他的想法很簡單：邀功請賞。元軍接到這樣一個大禮物，也相當重視，很快召開了批鬥大會，然後在鬧市上對郭天敘進行了「斬首行動」。

別人喝酒要錢，張天佑、郭天敘舅甥卻被要了命，看來赴宴吃飯還是得悠著點兒啊！

# 一石二鳥

接到噩耗後，朱元璋很是悲傷，悲傷到淚流成河。有人很不解，便問朱元璋，張天佑、郭天敘舅甥一直視你為眼中釘、肉中刺，想除之後快。現在他們「罪有應得」了，你擺脫了桎梏，應該高興才對啊！

一開始，朱元璋選擇沉默，不回答也不理會，問的人多了，朱元璋終於回過神來，目光悠長而深遠，喃喃地答了四個字：唇亡齒寒。的確，朱元璋此時的感情是複雜的，郭天敘再壞，但畢竟是自己的妻兄；張天佑再壞，畢竟是自己的妻舅。雖然在利益方面不能相容，但他也不希望這麼快就「相煎」！更何況是慘遭陳野先的毒手！

於是乎，朱元璋下一次於公於私於情於理，便是作秀也要找到陳野先去報仇雪恨才對。當然，就在朱元璋做圍剿陳野先的準備時，陳野先卻來了個無疾而終。

原來，陳野先交出郭天敘想邀功請賞，但元軍斬殺郭天敘以儆效尤時，給陳野先的獎賞是戴罪立功。原因是太平城沒拿下，朱元璋也還沒有抓到，郭天敘的腕兒太小，做事不能靠糊弄過關，而要腳踏實地。

陳野先接到「譴責信」後，大為惶恐，於是馬上對朱元璋在集慶附近的餘部展開瘋狂追殺。事實證明，陳野先一發威，和老虎有得一拼，很快集慶附近的朱軍被他打得落花流水。對此，陳野先採取的政策是趕盡殺絕，往死裡整。因此，對打敗的朱軍採取的政策是千里追蹤，大有不徹底吞沒誓不罷休的英雄氣概。然而，他追擊朱軍到全壇縣葛仙鄉時，觸怒了當地的盧德茂。這個盧德茂打出的口號是兩耳不聞天下事，一心

只守聖賢地。奉行的宗旨：我的地盤我做主。陳野先追朱軍到了人家的地盤，因為時間匆忙，他奉行的卻是低調做人，高調做事，只顧忙自己的活——高調追擊朱軍。結果在做人方面低調到極點：一沒有自報大名，二沒有去拜碼頭，三沒有獻禮金。

「什麼人這麼大的膽，敢來我的地盤撒野！給我拿下再說。」於是乎，他馬上設了伏兵，對陳野先來了個「關門捉賊」。陳野先沒料到盧德茂會來這麼一手陰招，猝不及防下，被捉了個正著。

「你敢抓我，你不想混了啊！」陳野先想用這種嚇唬的方式給盧德茂一個下馬威，從而讓他趕緊放人。哪知盧德茂是個吃軟不吃硬的人，他原本就惱怒陳野先的撒野行為，此時見他成了階下囚還這般野蠻無禮，更是怒不可遏，一怒之下，直接把陳野先推到門外就砍了頭。

在頭掉下的這一瞬間，陳野先心裡肯定在懺悔和懊惱，更不明白：我還沒有拿下朱元璋的人頭，怎麼自己的人頭就掉地了呢？自作孽，不可活。這句話用在陳野先身上再合適不過了。

朱元璋給陳野先安排的是「借刀殺人」之計，結果陳野先借刀殺了郭天敘等人後，又反被盧德茂借刀殺之，結果「借刀」之人被殺，「殺人」之人也被殺，朱元璋的妙計大獲成功，「一石二鳥」的目的戲劇般地實現了。

值得一提的是，郭子興唯一健在的小兒子郭天爵，在朱元璋占領集慶後，被小明王封以江南行中書省右丞之職。但郭天爵並沒有因此就放棄對朱元璋的仇恨，擁有權力後，他祕密聯繫組織父帥當年的嫡系舊部，試圖反叛，準備斬殺朱元璋，奪取最高統帥位子，但最終事情還是壞在保密工作上，結果事情敗露，他也得到了跟哥哥郭天敘一樣的下場——砍頭。至此，朱元璋徹底擺脫了郭氏力量的桎梏，成為名正言順的統帥。

# 人心齊，泰山移

前面已經說了，自從朱元璋攻占太平城後，元軍採取了兩步驟：一是在採石一帶設防，阻止或延緩朱元璋進軍的路線和時間；二是借用陳野先和康茂才的勢力抵抗朱軍。結果朱元璋在成功搬掉陳野先這隻攔路虎的同時，派出徐達、常遇春等人去打通封鎖採石江面的蠻子海牙，肅清集慶外圍勢力。

蠻子海牙和朱軍在採石的第一次交鋒，本來嚴防密守得連鳥兒也插翅難飛，但最終被半路殺出的常遇春給攪沒了。所以，不服輸的元軍名將蠻子海牙捲土重來也在情理之中。這次得到了上級長官的高度重視，人力、物力、財力都充足，因此，在採石江面上布防了一道密不透風的勢力網。蠻子海牙還制定了「聯責制」，規定自己的船隻在江上必須互相往來，相互支援。

但徐達和常遇春都是一夫當關、萬夫莫開的人物。蠻子海牙實行的是「聯責制」，他們卻制定了「分工制」，徐達負責外圍清剿工作，切斷敵人的糧草和支援路線。常遇春負責主攻採石江面的「攻堅戰」。事實證明，徐達和常遇春的分工制方針路線是正確的，在攻堅戰中，常遇春再次發威，從而進一步鞏固和穩定了自己應急先鋒第一人的位置。

閒話少說，話說常遇春和蠻子海牙的第二次對決中，雙方都摩拳擦掌，志在必贏。常遇春用襄陽大石砲猛轟元軍水寨和船隊，然後分軍三路。他一馬當先，率領著一股部隊將敵人攔腰截為兩段，其他兩部則左右開弓，對敵人分而殲之。這場戰鬥晚上開始行動展開布置工作，第二

天早上正式開始交戰，一直激戰到下午才結束。結果是不可一世的蠻子海牙舊仇未報，又添新恨，眼看一敗塗地的局面無法挽回了，只好帶了些散兵遊勇狼狽地逃往集慶。

兩軍交戰勇者勝，事實上，常遇春的無畏付出也沒有白費，收穫頗豐：俘獲敵人一萬多人，繳獲敵人戰艦無數。

元軍在採石精心布下的海上「天塹」瞬間土崩瓦解後，朱軍不但重新打通了和江北和州等地的後防通道，穩定了士兵們的軍心，而且剪除了攻打集慶外圍的羽翼，震懾了元朝守軍的軍心。隨後，朱元璋再接再厲，分路出擊，不久，接連占領了溧水、溧陽、句容、蕪湖等州縣，集慶城的外圍勢力幾乎全部被肅清。做好這一切準備工作後，朱元璋終於決定對集慶發動第三次總攻，也是最後的進攻。

至正十六年（西元 1356 年），這是一個陽春三月煙花如海的季節，雄心萬丈的朱元璋來了個「煙花三月下集慶」。

在集慶城下，朱元璋帶領他的部隊在江寧鎮和元軍陳兆先的部隊上演對決大戰。

這個陳兆先可不是一般的人物，他是臭名遠颺的軍閥陳野先的姪兒。陳野先死後，他糾集叔叔的舊部，充當元軍防守集慶的一支勁旅，與朱元璋展開浴血奮戰，原本想替叔叔報仇雪恨，不料終究沒有敵過兵多將廣的朱元璋，很快便成了階下囚。

而大發神威的朱元璋生擒了陳兆先的同時，還俘虜了他手下近四萬元軍。按理說朱元璋應該很高興才對，然而，朱元璋卻眉頭緊鎖，他面臨兩個難題，一是如何處置陳兆先，二是如何處置這麼多叛軍。

一番思索後，朱元璋最終還是決定善待陳兆先。是啊，冤家宜解不

宜結，陳野先是陳野先，但陳兆先是陳兆先，雖然他們有很深很濃的血緣關係，但這又如何，不能一棒子打死啊！再退一萬步來說，如果砍了陳兆先的頭，四萬降軍肯定又會再度生亂，這不是給自己添麻煩嗎？就這樣，陳兆先被留下來了，第一個難題也就迎刃而解了。

接下來是處理第二個問題，如何處置近四萬降軍，這是個大問題。一是降軍人數多，二是降軍人心雜。也正是因為這樣，朱元璋的部將都主張對降軍痛下殺手。理由：當斷不斷，反受其亂。解析：這些降軍是在萬不得已的情況下才選擇歸順的，並不是真心歸順。日子一久，必然會再生叛心，收留他們其害無窮啊！陳野先便是前車之鑑。

但朱元璋並不為所動，透過全面思考分析後，他做出了出人意料的決定。一是降軍一個也不能殺。二是從降軍中隨機選五百士兵，充當自己的親兵，負責晚上的站崗放哨工作。「元帥，你瘋了啊？！萬一這些降軍晚上圖謀不軌，那豈不是白白送死啊！」馮國用是個直腸子的人，一急之下，便對朱元璋「無禮」了。

「先生少安毋躁，降軍既降之則安之，我既用之亦安之。」朱元璋說著胸有成竹地大笑起來。

馮國用也笑了，只不過他是苦笑，他現在只有苦笑的份兒了。

而事實上，朱元璋當晚就把原先的親兵全部撤走，然後讓這五百降軍上崗值班。也許是為證明什麼，他只把馮國用留在了身邊。

馮國用感到自己的責任巨大，壓力也巨大。他的目光一直盯著門外巡邏士兵的身影，心卻如十五個水桶，七上八下，每一個腳步聲都深深敲入他的心坎裡。夜已深，他睜著銅鈴一樣的雙眼，無半分睡意。反觀身邊的朱元璋早已鼾睡如泥，此起彼落的鼾聲如雷般響亮，在寂靜的夜

裡顯然特別清脆。馮國用不禁在心裡納悶了：元帥在這種氛圍下何以睡得這麼香？何以這麼從容不迫？何以對這些降軍這般信任？難道是我以小人之心度君子之腹？難道元帥早已胸有成竹？

就這樣，一整夜馮國用都是在提心吊膽中度過的。直到第一縷晨曦射過來，直到若隱若現的雞鳴狗叫之聲傳來，直到外面人聲鼎沸，馮國用這才長長地出了一口氣，心裡嘆道：這難熬的一夜終於度過了。

而這時，朱元璋也已悠悠轉醒，看見馮國用坐在窗前，驚問道：「先生何故起來這麼早，莫非思念家中的嬌妻幼子了？」馮國用嗯了一聲，含糊應答著，站起身來。

朱元璋又道：「頭髮凌亂，眼含血絲，臉色蒼白，憔悴不堪，莫非先生一夜未睡？」馮國用唯有苦笑著搪塞道：「我一到陌生的地方就睡不著。幸而沒有吵到元帥的休息，不然，罪過就大了。」

朱元璋說著定定地看著馮國用，笑道：「先生只怕不是地方陌生睡不著，而是心中有事才睡不著吧！」

「我只是擔心元帥的安危罷了。」馮國用抬起頭來，鼓足勇氣道，「我的命不值一哂，但元帥可是千金之軀，寶貴之體，怎麼可如此冒險呢？」

「先生跟隨我這麼久了，還不知道我是個什麼樣的人嗎？我平常做事慎之又慎，決不輕易以身試險。但今日之事，我也是沒有辦法，不得已而為之啊！」朱元璋嘆道。

「既然如此，又為何要出此險棋，如果降軍昨晚突然生變，如之奈何？」

朱元璋看了看馮國用，然後定定地望向帳外，良久，才道：「兵法云，虛者實之，實者虛之，虛虛實實、實實虛虛乃用兵之道。我這次之

所以敢這般冒險出這一招『漏招』，那是因為我抓住了虛實的本質，偶一為之，雖有一定的風險，但絕對沒有危險。」

馮國用只有洗耳恭聽的份兒了。朱元璋頓了頓，才又接著道：「一是，我所選的五百降兵是從三萬多人中大海撈針般地海選出來的，他們來自各個營，彼此之間根本就不認識。就算有認識的，這夜晚黑黝黝的，再加上各自有負責的職位和職責，也難以聯繫上，難以形成共識。二是，我把他們當成親兵來使用，對他們如此重用，他們這些幸運兒感激都來不及，更別說起歹心了。因此，我晚上依然可以做到兩耳不聞窗外事，一心只睡安穩覺。」

對此，馮國用只有讚嘆的份兒了。

與此同時，那五百新選的親兵，這一晚也是忐忑了一夜，他們高度緊張，全線警戒，生怕稍有疏忽，而發生什麼意外。恪盡職責守了一整夜，也高度緊張了一整夜，直到天亮才長長地舒了一口氣。在換班時，五百士兵異口同聲道：「元帥視我等為心腹，為知己，為親人，我等無以回報，只願以死效忠。」

儘管當時的通訊設備還不是很先進，但第二天，一傳十，十傳百，百傳千，很快三萬多降軍都知道了這件事，他們心中的疑慮和思想顧慮就這樣打消了。

也正是因為這樣，三月十日，當朱元璋發動了對集慶外城蔣山的總攻時，這五百親兵自告奮勇擔任了先鋒。他們個個奮勇爭先，在蔣山大敗元兵。

人心齊，泰山移。此時集慶便如一個裸露的嬰兒，沒有任何的庇護。這時朱元璋揮師直指集慶，一邊是萬眾一心、團結奮戰、奮勇向前，一邊

是士氣受挫、孤立無援、毫無鬥志。接下來的戰鬥已毫無懸念可言了。

　　守城的元行臺御史大夫福壽和平章阿魯灰進行了最後抵抗。為保衛城池戰鬥到最後，這叫盡忠。明知不可為而為之，這叫愚忠。為了盡忠和愚忠，元行臺御史大夫福壽和平章阿魯灰親自督兵出戰，但很快被朱軍打回來，於是只能關上城門進行防守了。

　　朱軍這時已是勢不可當，他們一邊用箭矢、火器等對城內進行猛攻，一邊架設雲梯快速登城，守軍忙得焦頭爛額還是沒能抵擋住起義軍進軍的腳步。結果很快城就破了。

　　城破，人亡。結果，元平章阿魯灰、參政伯家奴及集慶路達魯花赤、達尼達思等皆戰死。而元行臺御史大夫福壽成了元軍在這座古老偉大城市的最後「守望者」，他血戰到最後一刻倒下，一直沒有停止揮動手中的寶劍。只有蠻子海牙依然發揮他「鑽山豹」的風格，在亂戰之中，逃出了城池，結果在走投無路的情況下（丟了集慶，元朝政府肯定會拿他問罪），選擇了投奔張士誠。而水寨元帥康茂才，苗軍元帥尋朝佐、許成、劉哈剌不花，海軍元帥葉撒及阿魯厭部將完都等人則選擇了投降。

　　自從至正十四年（西元 1354 年）馮國用向朱元璋提出了攻占集慶為根據地的策略設想後，到至正十六年（西元 1356 年）三月占領集慶，朱元璋只用短短不到兩年的時間，這一年朱元璋二十九歲，在而立之年終於「而立」了。

第十章

強基固本

# 金字招牌是這樣練成的

攻下集慶，朱元璋馬上做了三件大實事。

一是立憲法。朱元璋馬上發表了「新約法三章」。前面已經說過，朱元璋在攻下太平時，發表了《戒戢軍士榜》，結果嚴明了軍紀，穩定了民心，團結了一切可以團結的力量，從而為攻打集慶打下了堅實的基礎。攻下集慶後，為安撫民心，朱元璋召集原來的官吏、父老、士紳和百姓，說了四句話：

第一句話：不是我不小心（來到了集慶），只是真情難以抗拒。不是我存心故意（打擾了你們），只因無法防備自己（大夥被困守在這個危城裡，整天提心吊膽地過日子，整天惶惶不可終日）。想告訴你（元朝政治腐敗，生靈塗炭，干戈四起），我的心情（我才來到這裡只想為民除害，只想救民於水火）。

第二句話：不管是金飯碗、銀飯碗、鐵飯碗、塑膠飯碗，我不會砸爛你們的飯碗。請大家不要驚慌，我只是代為管理一下城池，我不會驚擾大家，大家可以依然各守舊業，各操舊職，各謀舊志。各級官員還是照舊任職，凡是屬於仁者、智者、勇者一技之長的平民百姓，如果願意在我手下當個一官半職的，我必定以禮相待，給予重用。

第三句話：法律面前人人平等，不管是誰觸犯都得依法懲處。嚴禁有貪暴腐敗的現象發生，凡是對人民有害的舊政要予以革除。

第四句話：真心希望大家安居樂業、笑口常開。

「新約法三章」的發表，效果很明顯，於是乎，城中軍民各操各業，各

司其職，相互之間更加親近，更加友愛關心了，城裡的秩序更加和諧了。

二是立政權。任何一個朝代的改朝換代都會有代表，所謂新人新氣象。朱元璋占領集慶後，為了和舊元朝政府徹底劃分階級界線，立刻把集慶更名應天，建立了屬於自己的政權。

當然，為了把事情做得更加圓滿些，在更名時，朱元璋特徵求了手下大臣的意見。他帶著李善長、徐達等人來了個集慶「一日遊」，結果看到集慶城雄偉無比、繁華無比、富庶無比，不由得發出這樣的感慨：「啊，集慶真美啊，風景舊曾諳。啊，集慶真奇啊，天設地造的天塹之都。啊，集慶真豐啊，倉廩實，民眾足。啊，集慶真幸也，有諸位的鼎力相助，何愁功業不成啊！」

「好詩，好詞，好句。」眾人無不點頭稱讚。

朱元璋接著道：「既然這裡上應天命，下應民意，不如把集慶改作應天吧！」

「應天，應命，應民。」眾人無不點頭稱善。

於是乎，集慶很快有了一個新的名字 —— 應天。而集慶路自然也變成了應天府，設定大元帥府，朱元璋自任大元帥。與此同時，還設定天興、建康翼統軍大元帥府，以廖永安為統軍元帥，命趙忠為興國翼元帥以守太平，讓他們獨當一面。

三是立軍威。興國之本，在於強兵足食。朱元璋自從參加起義以來，一直著力打造一支紀律嚴明、戰鬥力強的軍隊。從和州出發進軍集慶的過程中，他對士兵要求更高，也正是因為這樣，才會在採石命人推糧船入激流，才會在太平挑選五百士兵為自己守夜。才會順利拿下集慶。到了集慶，他一邊立大法，一邊立軍威。

此時有著集慶「東北門戶」之稱的鎮江還沒有完全被攻下，朱元璋很

快就把策略目光對準了鎮江。然而，此時由於接二連三的勝利，將士們驕逸的情緒、小農的思想、流寇的做派馬上又流露出來。如果任其隨波逐流，將士們將很快走向腐敗的、墮落的深淵。對此，朱元璋馬上召開了收復鎮江的動員大會。

會上，朱元璋首先是仰起臉講道理，重申了嚴明軍紀的重要性、可行性和急迫性。然後是板起臉講事例。事例都是具有典型示範意義的，都是一些重要級人物登場，朱元璋倒豆子般把徐達、花雲、湯和等將領自攻陷和州以來，縱容士兵所犯燒殺、搶劫、姦淫的罪過一樁樁、一件件、一例例數落出來。就在大家聽得毛骨悚然時，朱元璋突然厲聲叫道：「國無法不立，他們既然知法犯法，給我拉下去，通通砍頭示眾！」

說時遲，那時快，兩邊的親兵一擁而上，把這些將領都通通拿下了。將領們嚇得趕緊跪地求饒。朱元璋哪裡理會，喝令親兵們趕快拉出去行刑。

正在這個節骨眼上，馮國用該上場了。只見他挺身而出，求情道：「眾位將士沒有功勞也有苦勞，沒有苦勞也有疲勞，看在這三勞的分上，饒了他們一命吧。」朱元璋怒目圓睜，喝斥道：「什麼三勞不三勞，這樣的土匪行為，長此以往，誰還肯為其賣命！長此以往，我等平定天下大業的願望就是紙上談兵了。與其讓他們禍害天下百姓，不如砍了，眼不見心不煩好些。」

親兵們只得把各位將領往門外推去。這時，李善長撲通一聲跪下，磕頭如搗蒜：「出了這扇門，從此不是人。還望主公高舉貴手，饒過他們這一回，他們一定會知錯便改，改而勉之。」

作秀作到這裡可以打住了，再玩下去只怕會真玩出火來了。朱元璋這才極不情願地饒了他們，並叫他們帶兵攻打鎮江，戴罪立功，將功折

罪。並且拿出了一張保證書叫他們簽下，如果下次再犯，決不輕饒。

　　朱元璋的這手假戲真做立軍威之舉果然非同小可，小小的鎮江很快便被朱軍以摧枯拉朽之勢攻占下來了，苗軍（苗族人組成的軍隊）元帥完者圖來了個「不羞遁走」，而守將段武、平章定定選擇了「寧死不屈」。而當朱元璋入城時，軍隊號令嚴肅，沒有出現一起士兵擾民現象，朱元璋的鐵腕政策取得了良好成效。

　　就在朱元璋三步驟，打造自己的金字招牌的同時，小明王似乎也不甘落後，來了個一步驟：安撫人心！是啊，朱元璋攻下集慶後，無論勢力還是實力，都已是今非昔比，為了政權的需要，小明王立即提升「左元帥」朱元璋為樞密院同僉，李善長為經歷。不久，小明王又任命朱元璋為江南行中書省平章政事、右丞相、吳國公，李善長為左右司郎中，以下諸將皆升為元帥。雖然這些都只是虛名，但朱元璋終於用自己的亮劍行動，證明了自己，得到了別人的認可。

# 本是同根生，相煎何太急

機遇是可遇而不可求的。它像鳳毛麟角，罕見至極。朱元璋抓住了機遇，一鼓作氣地拿下集慶後，擁有名和利的他卻突然悲哀地發現，他此時最大的敵人竟然不是元軍了，而是起義軍的同行。要知道，元朝此時屋漏偏逢連夜雨，四處的起義軍早讓他們疲於應付，同時還得應付溫飽問題。原本元朝的糧食主要來自江浙、江南、江西、江北一帶，但這些地方都是起義爆發的重災區，有糧的地方都鬧獨立了，沒糧的地方鬧荒災，元朝很快連自身溫飽問題都解決不了。元軍逃離得越來越多，元朝已是一個風雨飄搖、搖搖欲墜的政府了，只等最後一根稻草將其徹底壓垮的這一天了，已經是個徹徹底底扶不起的阿斗了。

但與之相反的是起義軍的日新月異，在群雄並起的年代，此時的起義軍形成了「四大天王」的格局。

四大天王之首當然是小明王，他建立了「宋政權」，並且擁有「正統」這個得天獨厚的宣傳牌子和帽子，因此，起義軍都預設他為首領。

其實朱元璋之所以能夠這麼順風順水地拿下集慶，除了元朝的政府腐敗無能外，還有一個很重要的原因就是來自小明王等起義軍的牽制，要不然，元軍也不會坐視朱元璋從採石磯到太平到集慶的三步驟一步步變成現實，卻任憑這裡的守軍自生自滅，不派精兵強將來支援。

是啊，就在朱元璋吞併了濠州孫德崖的軍隊，從和州出發攻打集慶時，小明王也在幹一件大事——北伐。前面已經說過，在韓山童「身先死」的情況下，「淚滿襟」的劉福通接過了韓山童手中的接力棒，他很快擁

立了韓山童的兒子韓林兒為小明王，挺過了起義之初的艱難困苦，勵精圖治，發憤圖強，紅巾軍發展勢頭喜人，如雨後春筍般煥發出勃勃生機。這個時候的小明王和劉福通已不再是靠整天躲著藏著苟延殘喘，而是擁有大量地盤，擁有大量軍隊的先驅者，他們從元軍蹂躪的對象變成了元軍的主宰者。他們的目標是推翻腐敗的元朝政府，解救天下苦難的大眾。

也正是因為這樣，至正十五年（西元 1355 年），元軍聚集多路人馬欲消滅最大的威脅 —— 小明王的紅巾軍，但都被強大的紅巾軍一一化解。在反擊與被反擊、防守與被防守、偵察與被偵察中，紅巾軍和元軍就這樣耗下去了。結果，這給了朱元璋機會，使他得以避開元軍的主力，出其不意，攻下了淮北的軍事重鎮 —— 集慶。當真印證了這樣一句話：鷸蚌相爭，漁翁得利。

但實際上，「掛靠」小明王的兵馬雖多，真正屬於他嫡系部隊的軍隊卻少。而真正擁有勢力者卻是西邊（占據兩湖、江西諸州縣）的徐壽輝（後來實際掌權的是陳友諒）和東邊（占領了常熟、平江，即今蘇州、崑山、嘉定、松江、常州、湖州等東南富庶之區）的張士誠，他們兩個才是起義軍的絕代雙驕和中流砥柱。而後起之秀的朱元璋憑著占領集慶，勢力日漲千里，從而躋身於「四大天王」之列，儘管居於末位，卻是最具潛力的新生力量。原因除了朱元璋本人善於治軍、嚴於治軍、懂得治軍外，還有一個就是他此時正好處在小明王、徐壽輝、張士誠「包圍」的中央，此時元朝的軍隊都被這三大天王隔擋在外面，要想經過他們來找朱元璋秋後算帳，那是非常困難的，因為三大天王不是吃素的，他們豈容自己的地盤被元軍占領！豈容元軍從容地從他們的地盤上「路過」！更何況元軍早已是強弩之末，很難再掀起大風大浪了呢！

總之，在小明王、徐壽輝、張士誠三人合力形成的溫暖懷抱中，朱

元璋是幸福的、甜蜜的，也是快樂的，但這並不代表他就是安全的。原因是元軍現在暫時插翅難飛進來，但張士誠和徐壽輝卻對他虎視眈眈。

本是同根生，相煎何太急。但同在這個亂世，「起義軍」只是一個統稱，在一致對「外」（元軍）時是一家人，但對「內」時又是敵人。這個簡單的道理朱元璋懂，要不徐壽輝和張士誠剛成為起義軍時，就是打出紅巾軍的金字招牌，可勢力大了，翅膀硬了以後就變了，就擺脫了小明王的桎梏，建立了自己的政權。「單飛」只是起義軍內變的徵兆，接下來，當地盤和利益受到侵害和剝削時，他們還會這麼文靜，還會這般文雅，還不刀槍相見嗎？

逆水行舟，不進則退。朱元璋冷靜地分析了形勢後，意識到了潛在的危機。是啊，他眼下雖然擁有集慶這個險要的根據地，但被起義軍小明王、徐壽輝、張士誠及方國珍四面包夾，如不積極尋求自保，隨時都有被自己人吞併的危險。

也正是因為這樣，身為吳國公的朱元璋首先加強了對政權的管理，等「安內」後，再來「攘外」。於是，他馬上封李善長、宋思顏為參議，李夢庚、郭景祥為左右司郎中，侯原善、楊元杲、陶安、阮弘道為員外郎，孔克仁、王愷等為都事，夏煜、韓子魯為博士。同時，設定了江南行樞密院，以元帥湯和攝同僉樞密院事；設定了帳前總制親兵都指揮使司，以馮國用為都指揮使；設定了左右等翼元帥府，以華雲龍、唐勝宗、陸仲亨、鄧愈、陳兆先、張彪、王玉、陳本等為元帥；設定了五部都先鋒，以陶文興、陳德等為先鋒。設定了省都鎮撫司，以孫養浩為鎮撫；設定了理問所，以劉禎、秦裕為理問；設定了提刑按察使司，以王習右、王德芳為僉事……

總之一句話，朱元璋對手下的文武大臣進行了具體分工，目的是讓大家各司其職，各盡所能，進一步增強責任感和使命感，大家共建美好未來。

# 煮酒論英雄

「安內」之後，朱元璋決定「攘外」，他決定對起義軍中最具實力和衝擊力的「絕代雙驕」徐壽輝和張士誠動刀。是啊，與其坐等這對絕代雙驕來攻，不如先下手為強，先給他們一點兒顏色瞧瞧。

然而，制定了策略目標，卻沒有制定策略方針，原因是朱元璋不知道對這對絕代雙驕中的哪個先動手。這類似一個向左走還是向右走的問題，如果選擇失誤，可能就一著不慎，滿盤皆輸。因此，面對這樣艱難的選擇，朱元璋陷入了迷茫期，每天鬱鬱寡歡。這天，偶爾翻開泛黃的日曆，發現是九九重陽，朱元璋突然心血來潮，決定登鐘山散散心。考慮到自己一個人去，也無聊得很。這次登山，他還帶上了文武大臣。

站在鐘山之巔，眾人或激揚文字，或指點江山，或發出「蕩胸生層雲，決眥入歸鳥。會當凌絕頂，一覽眾山小」的感慨。

唯獨朱元璋沉默不語，眺望遠處的江面，目光悠長而深遠。良久，他回過神來時，卻發現眾人早已停止了喧譁，目光齊刷刷地看著他。他知道他們在等著他的金口玉言。見此情景，朱元璋不再隱藏自己的心思，終於道：「既然大家都這般熱衷於指點江山、激揚文字，我們不妨在這鐘山之巔煮酒論英雄如何？」

「這集慶雖然真是虎踞龍盤之地，但北有元兵，南有方國珍（也算是後起之秀），西有陳友諒，東有張士誠，我們四面受敵，如果我們只圖安逸享受，那離滅亡也就不遠了。要想圖謀發展，只有走出去，大家幫我想想征討方略啊！」

「元朝蒙古人甚是可惡，簡直不把我們漢人當人看，我覺得應該派大將進行北伐，攻占了元軍的巢穴，天下人心必然歸於主公，群雄必然臣服於主公，這樣一來，天下不是就平定下來了嗎？」大將邵榮第一個站出來發言。

「勇氣可嘉。」朱元璋稱讚他勇於第一個站出來「獻計」，但接著話鋒一轉道：「方略不妥。」解析如下：元朝現在只剩下一張空殼了，只要輕輕一推就會倒，如果我們花精力北伐，集慶必然空虛，如果這個時候徐壽輝和張士誠等人在我們背後捅一刀，那豈不是既無招架之功，也無還手之力了！

邵榮聽了滿臉通紅，羞愧而退。

「舉兵北上，與小明王和劉福通爭奪淮北之地。」徐達說道。

「一派胡言。」朱元璋斥道。解析如下：我等既已接受小明王之封，便是屬臣，攻打劉福通，便是犯上作亂，便成了眾矢之的，這樣一來，我等還如何立足？如何實現夢想？徐達耳紅面赤，慚愧而退。這樣一來，群臣都不敢再進言了。良久，李善長站出來，打破了這難熬的沉默，喃喃地說了四字：「打陳友諒。」

「策略可嘉。」朱元璋說著，頓了頓接著道，「方略欠佳。」解析：陳友諒占有湖廣、江西各州縣，兵多將廣，地多糧足，占據天時、地利、人和。我們現在舉兵去討伐，無異於雞蛋碰石頭，沒有一點兒勝算可言。如果到時候進攻無門，後退無路，那就是自取滅亡啊！李善長嘴角嚅動，本還想再說點什麼，但終究還是忍住了，很乖順地退到了一邊。李善長那是啥人物，他是第一謀士啊，向來有真知灼見，連他的方略都沒能通過，那誰還敢再站出來班門弄斧啊！

沉默良久後，馮國用這才站出來，來了個「沉默是金」：「臣等愚昧，請元帥明示。」馮國用自從那一夜陪著朱元璋在五百降軍值班下度過一個不眠之夜後，變得「成熟」多了。「請元帥明示！」眾人齊聲道。

朱元璋的目光一一掃過眾人的臉龐，半晌，才緩緩道地：「以策略的眼光來看全域性，我們現在有四不能攻，元朝於我等『腐朽』，暫不能攻；小明王於我等有『義恩』，亦不能攻；陳友諒於我等『給力』，急不能攻；方國珍於我等『地遠』，緩不能攻。唯有東邊的張士誠與我等『比鄰』，有四可攻：一是張士誠所在地富裕，得此地，天下糧草足；二是符合應由近及遠、先弱後強的方略，張士誠的疆土與我們的地盤相接壤，有直接的利益衝突；三是張士誠是個鼠目寸光、胸無大志的人，勢力看似強大無比，但實際上弱不禁風；四是拿下張士誠，可以確保集慶萬無一失，這給圖謀向外更大發展創造了條件。」

朱元璋分析得精闢、深遠。擁有四度：高度、深度、氣度、厚度。眾人只有稱讚的份兒了。朱元璋一吐心中所思所想所感，心情也悠然好轉起來。此時，一陣山風吹來，山上遍地的野菊花隨風搖擺不定，翩翩起舞，蕩起金波，蕩起鄉情無限，蕩起希望……朱元璋心有所動，心有所感，心有所思，不禁脫口吟出一首流傳千古的打油詩來：

百花發時我不發，我若發時都嚇殺。

要與西風戰一場，滿身穿就黃金甲。

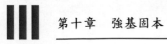

第十一章

征途漫漫

# 張士誠的發跡史

　　既然朱元璋指名道姓地點張士誠的將，這裡不妨來簡單地看看這個有著「梟雄」之稱的張士誠的個人檔案。

　　姓名：張士誠。

　　乳名：張九四。

　　出生日期：元英宗至治元年 (西元 1321 年)。

　　出生地：泰州興化白駒場。

　　家庭背景：貧苦的鹽民之家。

　　家庭成員：除了父母，他還有三個弟弟，分別是張士德、張士信、張士義 (張士誠和三個弟弟的名字合起來就是「誠德信義」，佩服其父的才學啊)。

　　從事職業：少年時以「駕運鹽綱船，兼業私販」為業，長大後從事「拯生民於塗炭」的造反事業。

　　優點：不奸險，不虛偽，不小氣，禮待讀書人。

　　缺點：小農思想嚴重，「吃苦在前，享受在後」的思想太重。

　　綽號：及時雨。

　　綽號來源：因子承父業的關係，張士誠在青少年時，就做當地鹽場的幫閒記帳一類的雜差，很能損公肥私，憑關係讓三個弟弟幹上操舟運鹽的營生，順便走私販鹽。雖不算什麼大惡，卻無「職業道德」可言。手中有了錢，張士誠卻跟一般人不一樣，別人是目空一切，而他卻是仗義

疏財，廣結天下英豪之士，跟《水滸傳》中的宋江有一比，也正是因為這樣，頗得當地老百姓歡心，便有了「及時雨」的稱號。也正是因為這樣，張士誠後來被俘後自盡，葬於南京，緬懷者甚多。

點評：他不是良民，不是君子，也不是英雄，只是一個平庸的人才。

理由：擁有江浙這個中國最富裕的地方，造反之初，草根出身的張士誠勤政愛民，大力減輕稅賦，讓飽受戰亂、苛政之苦的百姓過了一陣好日子。然而，他是個小富即安的人，隨著他漸漸坐穩了割據東南的「吳王」位子，他便驕奢淫逸起來。建造了「香桐」和「芳惠」兩座樓閣，專門安置四處蒐羅來的美女，供他淫樂，如今此地就有「桐芳巷」。再比如「錦帆路」，當年是一條河，張士誠用錦繡絲綢做船帆，泛舟河上游玩，便有了現在這樣一個路名。張士誠一心享樂，朝政交給了弟弟張士信。偏偏張士信和張士誠一個樣，「性荒淫，務酒色」，雖然當著丞相，卻無心公事。哥哥將朝政「承包」給他，他又「轉包」給黃敬夫、蔡彥文和葉德新三個文人。這三人每天醉心於舞文弄墨，也都不是幹實事的料。於是自上而下，貪腐成風，最終張士誠敗於朱元璋，也是勢在必然。

工作經歷：可分為五個階段。

第一階段：經商生涯。張士誠儘管因為販賣私鹽賺了些錢，過上了豐衣足食的日子，但相對那些財大氣粗的人便是小巫見大巫。同時因為地位低下，他也受了不少氣。他經常販鹽到一些富人家，這些富人家卻為富不仁，沒少凌辱他。壓價事小，不給錢的也大有人在。鹽場弓手（管治安的）丘義就是欺侮老張最過分的一個，猜想當日的情景就類似今天的城管欺壓小販吧。他有事沒事就找張士誠當出氣筒，有事沒事就辱罵張士誠。剛開始，張士誠總是選擇忍讓。後來丘義變本加厲，越來越囂張，越來越目中無人。忍無可忍就無須再忍，惹得張氏兄弟一怒之

下，來了個一窩端。至正十三年（西元 1353 年）年夏天，正值天下開始大亂，張士誠和他三個弟弟，以及一個名叫李伯升的好漢，率眾起事，當時一夥人一共才十八位。起事時，他們並無遠大理想，只是殺人洩憤而已。就這十幾號人，先衝進鹽場保全室把弓手丘義亂刀剁死，然後遍滅周圍諸富人家，放火燒掉不少大宅院，史稱「十八條扁擔起義」。從舉事的這一刻起，張士誠也宣布「經商生涯」正式結束。

第二階段：創業生涯。張士誠不會料到，就是他一時憤起發起的十八條扁擔起義，會帶來西洋骨牌效應。由於當時鹽場百姓生活極其艱辛，苦大仇深，見有人帶頭挑事，紛紛報名加入，共推張士誠為主，百多人聚集一起，一下子就「攻克」了泰州。接著，他又破興化，占領重鎮高郵，開始了他新的「創業生涯」。

第三階段：皇帝生涯。至正十四年（西元 1354 年）正月，張士誠稱誠王，建國號大周，以天佑為年號，開始過稱王稱帝的生活。

第四階段：監獄生涯。皇帝生涯雖然快活、快樂、快意、快慰，但也很「快速」。因為張士誠很快就體會到了什麼叫樹大招風。至正十五年（西元 1355 年），元朝的丞相脫脫親自率百萬大軍來剿張士誠這個「匪」，並且在高郵把張士誠及他的起義軍來了個裡三層外三層的包圍，當時的張士誠就像坐牢獄一樣，叫天不靈，呼地不應，悔得腸子都青了，連搧自己嘴巴怪自己招搖惹事。皇帝是這麼好當的嗎？最慘的是，他想投降都不行，脫脫鐵了心攻下高郵後要盡屠當地兵民，以在江南樹威示警。張士誠也因此可能由皇帝生涯涉入「監獄生涯」。當然，好在他吉人天相，很快結束了非人的「監獄生涯」。脫脫想把張士誠當成典型來抓，想法是好的，但現實卻不盡如人意。人算不如天算，正當脫脫一步一步向高郵城逼近，要完成他的「宏圖大志」時，不料陰溝裡翻了船，背後中了

朝中奸臣的「暗算」，元順帝聽信讒言後，當機立斷，一紙詔書把他就地解職，並且要押往吐蕃進行「服役」。脫脫欲哭無淚，心中的憤怒欲罷不能。走到半路，他又因「欲蓋彌彰」，被毒酒賜死。至於那「百萬大軍」，一時星散，群龍無首，張士誠終能逃出生天，率一股人馬逃出高郵。

　　第五階段：起義生涯。在形勢不斷發展下，張士誠很快東山再起。至正十六年（西元 1356 年），就在朱元璋率大軍破釜沉舟進攻集慶一帶時，張士誠也沒閒著，他們迅速占領了江南最富庶的常熟、平江兩個重鎮，從而在江東地區站穩了腳跟。而後，張士誠勢力發展極為迅速，湖州、杭州、諸全（諸暨）、紹興、宜興、常州、高郵、淮安、徐州、宿州、泗州全部被其占領。一波三折的張士誠很快進入了起義生涯。

# 「投石問路」的背後

　　朱元璋和張士誠在起義的道路上浮浮沉沉，經歷了風風雨雨後，都占據著強大的根據地，可謂一路風雨兼程，一路高歌前行。兩個都是後起之秀，兩個又比鄰而居。一個雄才大略，一個大略雄才。一個心懷天下，一個心憂天下……也正是因為這樣，朱元璋和張士誠之間的較量注定跌宕起伏，精彩紛呈。

　　概括起來，他們之間的較量又可以分為：試探期、實戰期、生死期。首先來看試探期。兵法有云：「知己知彼，百戰不殆。」朱元璋決定本著就近原則，先拔出張士誠這顆釘。在彼此不知根知底的情況下，他也沒有馬上貿然派兵出擊，而是來了個「投石問路」。

　　這裡不妨先來看看一個有關「投石問路」的很經典的故事。有一個走江湖的相士，一日，忽蒙縣官召見。見面時縣官對他說：「坐在身旁的三人當中，有一位是我的夫人，其餘是她的婢女。你若能指認哪一位是夫人，就可免你無罪。否則，你再在本縣擺相命攤，我必將以『妖言惑眾罪』懲處你！」相士將衣飾髮型一致、年齡相仿、同樣面無表情的三位女子打量一眼，就對縣官說：「這麼簡單的事，我徒弟都辦得到！」他的徒弟應師父之命，將三位並排端坐的女孩子從左往右看，從右往左看，看了半天，仍然一頭霧水。他滿臉迷茫地對相士說：「師傅你沒有教過我啊？」相士一巴掌拍在徒弟的腦袋上，同時，順手一指其中一位女子說：「這位就是夫人！」在場之人全部傻住了，沒錯，這人還真會看相。而真正的事實是，相士一巴掌拍在徒弟腦袋上時，師徒二人的模樣頗為滑

稽。少見世面的兩個丫鬟忍不住掩口而笑。那位依然端坐、面無表情的女子當然是見過世面又有教養的夫人啦！

由此可見投石問路的重要性。如果這塊「石」投得好的話，「路」馬上就露出來了。閒話少說，言歸正傳。話說朱元璋想探路，方法當然不是「石頭」，而是信箋。

信箋當然是朱元璋親筆書寫的，內容如下：「近聞足下兵由通州，遂有吳郡。昔隗囂據天水以稱雄，今足下據姑蘇以自王，吾深為足下喜。吾與足下東西境也，睦鄰守國，保境息民，古人所貴，吾甚慕焉。自今以後，通使往來，毋惑於交構之言，以生邊釁。」概括起來只有六個字：睦鄰、安鄰、富鄰。

然而，當送信人楊憲把這封信送到張士誠手上，接下來演變成的是展信、看信、撕信。撕完信後，陳述自己的理由：「鼠輩朱元璋欺人太甚，笑我是隗囂。我要給他一點顏色瞧瞧，讓他看看我究竟是誰！」

結果直接受害者是送信的楊憲，他被關押起來了。

結果，朱元璋的「投石問路」徹底觸怒了張士誠，並發誓要與朱元璋勢不兩立。應該說這並不是朱元璋想要的結果。

來而不往非禮也，張士誠是個說到做到、雷厲風行的人。隨後，他也來了個「投石問路」，只不過和朱元璋投信相比，他投的是金銀珠寶。是啊，他的地盤什麼都缺，唯一不缺的就是財富。當然，他選擇投的人不是朱元璋，而是徐達手下的將官陳保二。他要透過賄賂來挖朱元璋的牆腳。

事實證明，陳保二是人而不是神，所以面對從天而降的錢財，他沒有拒絕的理由，很快便帶了自己管制的一隊人馬，呼啦啦地投降了張士誠。

當真是行家一出手，就知道有沒有。與朱元璋形成鮮明對比的是，張士誠一出手就知道有沒有，用錢財換來了朱元璋手下一員大將。

雙方的試探期就此結束，應該說這一階段，張士誠利用自己占有的獨特優勢，蠅營狗苟取得了一點小利。雖然利小了點，但畢竟旗開得勝，無論是氣勢還是心態上都占據了一定的優勢。

好了，試探期過後，接下來便是實戰期了。

考慮到第一次「投石問路」取得了不錯效果，張士誠馬上來了第二次。這次問路的地方是鎮江，也就是朱元璋千辛萬苦打下來的集慶的靠山。張士誠和朱元璋的間接交接戰就此拉開了序幕。

張士誠親自出馬來鎮江，朱元璋也不敢怠慢，他馬上派徐達來了個面對面。結果張士誠是遠道而來，摸著石頭過河，而徐達卻是以逸待勞。結果可想而知，徐達沒有給張士誠一點面子，張士誠碰了一鼻子灰，灰頭土臉地打道回府了。

第二次「投石問路」就這樣以失敗告終。但張士誠是執著的人，他永不言敗。很快又來了第三次。這一次，他學乖了，沒有再選擇大的地方去，而是選擇了並不起眼但卻屬於軍事重地的宜興。結果打了宜興的守將耿君一個措手不及，耿君在走投無路的情況下，選擇了城在人在，城破人亡。就在張士誠第三次「投石問路」成功時，朱元璋也沒有坐等張士誠沒完沒了的騷擾。他也馬上進行了第二次「投石問路」，派出手下的戰神徐達對張士誠的常州發起了猛攻。這一招叫圍魏救趙。果然，剛占領了宜興，心情正不錯的張士誠聽到了這個消息，大驚失色，他決定以牙還牙，馬上派出了有著「戰仙」之稱的大將呂珍率數萬大軍去解常州之圍。

# 真情對對碰

戰仙呂珍對戰戰神徐達，這是一場好較量，結果，事實證明，戰神徐達明顯勝出一籌。面對氣勢洶洶的呂珍，徐達採取的是以退為進的策略，先是裝著懼怕的樣子，然後「兵敗如山倒」地立即退軍十八里，最後才停下來喘氣。結果，呂珍自然不會讓這煮熟的鴨子飛了，選擇了猛追猛打。哪知徐達已在那裡進行了設防。

呂珍一去，便中計了。結果，面對突然鋪天蓋地湧來的朱軍，呂珍只有潰逃的份兒。至此，朱元璋的第二次投石問路取得了決定性勝利。

與朱元璋形成鮮明對比的是張士誠，呂珍增援失敗後，數萬大軍一夜之間灰飛煙滅，極大地震撼了他的心靈。對此，張士誠來了第四次投石問路，當然，參考了前三次的效果，這次他依然決定採取「柔」的方式——寫信。

內容是求和。他知道朱元璋必然還會派徐達來圍困常州，便放回拘押的楊憲，並派使者持他的親筆信至應天求和。不同的是，朱元璋的是一封家書似的敘舊信，而張士誠的卻是一封委曲求全的請求信。他在信中闡述了自己的三個觀點：一是自我譴責，二是請求諒解，三是罷兵休戰。提出的條件：一是送還楊憲，二是每年向朱元璋輸糧二十萬石、黃金五百兩、白銀三百斤。

當然，朱元璋是啥人，他自然知道這是張士誠的唬弄之計，於是將計就計，既然你願意「進貢」，那好，就進貢得多點嘛！他把信一揮，對張士誠的使者說了自己的條件，需要把餽糧由二十萬石增加到五十萬石，方可班師。

張士誠這一招求和其實只是緩兵之計，他遣還楊憲只是為了迷惑朱元璋，他提出條件只是為了誘惑朱元璋。他哪裡會真的實現自己的「進貢」諾言呢？只是為自己的回防贏得時間罷了。果然，等使者把朱元璋的「條件」帶到時，張士誠想都沒有想就來了個直接拒絕。

這下沒得談了，朱元璋只好對張士誠說：「對不起了。」說完這句話，張士誠的弟弟張士德便成了刀下鬼。然後又對張士誠說了第二句話：「你要不服，我們戰場上見。」於是乎，早已待命的徐達馬上又揮師向常州進攻了。

當然，徐達原本以為，憑著他手下勇猛的士兵，拿下常州那是不費吹灰之力。然而，他沒有料到，常州城在張士誠和朱元璋進行談判的這段時間內，又是增兵，又是加強防備軍力和軍事設施，總之，常州已經大變樣了，不是開始的常州了。

也正是因為這樣，熱血沸騰的徐達第二次來到常州城下時，很快就被冷水潑醒。常州城的防守嚴密有序，幾乎無懈可擊。儘管徐達充分發揚不拋棄、不放棄的精神，但結果圍攻了一個多月，不但常州城屹立不倒，而且手下還損了不少兵折了不少將。

攻打常州不僅關係到朱元璋的面子問題，還是朱、張雙方此消彼長的分水嶺。眼看漫長的一個月時間過去了，徐達居然在常州城下寸步難行，再耗下去，一是面子耗不起，二是糧草耗不起，三是人力物力耗不起。對此，朱元璋讓徐達進一步增強責任感、使命感和危機感，對他來了個雙管齊下。一是降職。下令降徐達半級，撤銷徐達行軍大將軍一職，行代將軍一職。徐達手下官級一律降一級。二是寫信。信的內容大致分三層意思：一是「解釋」為什麼要給他們降級降職處分；二是「陳述」攻打常州的重要策略意義；三是「希望」他們能團結一心，眾志成城，戴罪立功，盡快拿下常州。

與此同時，朱元璋自己沒有在集慶坐等「喜從天降」，而是馬上奔赴軍事前線 —— 鎮江，親自到最前線坐鎮指揮戰鬥。他知道常州城牆堅、糧足、兵多，單靠徐達的一味蠻攻效果肯定不會好到哪裡去。要想攻下常州，還得切斷常州與外境的一切來往，讓常州徹底孤立無援，從而達到「困」死的最終目標。於是乎，他馬上來了個「雙管齊下」：一是派胡大海率精兵增援徐達；二是命常遇春分兵出擊，斷敵糧道。

　　面對朱元璋的出擊，張士誠也不會坐視不管，他也對常州進行了幾次增援，並且派出的是自己的另一個親弟弟張士信去增援。然而張士信雖然驍勇，但卻根本過不了外圍更加驍勇的常遇春和胡大海這「雙保險」的關。於是乎，雙方就這樣耗下去了。

　　這樣耗下去結果遭殃的是常州。沒有外面的支持，常州的守城主帥呂珍真真切切地體會到了什麼叫「坐吃山空」。為了解決溫飽問題，他只好帶著兄弟們多次出城「打草谷」，但結果都被徐達迎頭痛擊，落了個「賠了夫人又折兵」的下場。沒有糧，這仗還怎麼打？這城還怎麼守？到最後，城裡居然出現了人吃人的悲劇。

　　呂珍眼看再也無力迴天，再耗下去，這條老命也要丟了，沒辦法，他只好決定突圍。於是乎，在一個漆黑的夜裡，他帶著百餘親信，組成了「敢死隊」，結果出其不意，竟然僥倖突圍成功。

　　常州城沒了主心骨，這城是沒法守了。因此，城裡的士兵很快開啟城門，熱烈歡迎徐達進城。就這樣，在第一回合實戰中，朱元璋一舉占領了張士誠的軍事要地常州等地，大獲全勝。

# 仁者無敵

　　常州告捷，儘管朱元璋前後耗時近十個月，但鞏固了以應天為中心的根據地。張士誠部被逼退在太湖以東一帶，是繼續以「剩勇」追張士誠這個「窮寇」，還是另闢新的戰場呢？就在朱元璋陷入苦思時，馮國用出來幫他解憂了。他提出了兩大方針。一是對東邊的張士誠的下一步策略部署，八個字：擱淺爭議，共同開發。並且直接教會了朱元璋一個關鍵詞：狗急了會跳牆。解析：張士誠被我們拿下了常州等地，折損了親弟弟，一朝被蛇咬，十年怕井繩，自然暫時不敢亂動。如果我們這時再對他進行猛攻，原本就屬於「風吹兩頭倒」的他，被逼急了說不定投降元朝也未必可知。如果是這樣，對我們沒有半點好處啊，因此只需派好兵馬對他進行嚴防即可。二是選擇轉攻南邊的元軍策略方針，同樣八個字：曲徑通幽，縱深發展。解析：我們現在如果轉而向南推進，可以揮師直指元兵所占的寧國、徽州、婺州、衢州等地。現在的元朝已成了強弩之末，此時派兵南進，一來緩解和張士誠的對立衝突，二來可以穩操勝券。馮國用分析得頭頭是道，有板有眼，朱元璋只有點頭的份兒了。於是乎，朱元璋馬上派徐達、常遇春率兵南下，前去攻取皖南的寧國。

　　徐達和常遇春滿以為憑著他們兩個在朱元璋手下「絕代雙虎」的美名，一到寧國城，一定會迫使敵人望風而逃。事實上，寧國城守城元帥謝國璽聽說朱軍大兵壓境，也是趕緊腳底抹油，拍拍屁股，帶走了一車金銀珠寶，不曾帶走一個士兵。當真是士兵誠可貴，財產價更高。若為生命故，城池皆可拋。

然而，走了一個謝國璽，還有副帥別不華和楊仲實在。他們兩個和謝國璽相反，是若為城池故，生命皆可拋。他們關閉城門拒絕投降，進行了頑強的防禦戰。當然，他們之所以這麼有決心和勇氣，一是寧國城「城小而堅」，屬於易守難攻型；二是得益於城中還有一員猛將，有著「虎痴」之稱的朱亮祖，此人能文能武，有「一夫當關，萬夫莫開」之勇。

　　棋逢對手，將遇良才。因此，朱軍的「應急先鋒」常遇春很快就和朱亮祖上演了一場對抗戰。過程雖然很激烈，但結果卻是以常遇春負傷告終。常遇春失利的原因是，他是帶兵攻城，而朱亮祖卻是站在城上看著他這個「風景」，然後選擇了出其不意，突施暗箭，結果一箭射中了常遇春的左臂。當然，出乎朱亮祖意料之外的是，常遇春受傷後，並沒有選擇退縮，而是拔出箭，繼續帶兵進攻。雖然最終無功而返，但常遇春還是用實際行動證明了自己的勇猛，同時也對敵軍造成了震懾的作用。

　　前線遇阻，朱元璋知道後，不敢怠慢，立即親自出馬趕赴一線督軍。他到來後，馬上做了三件事：第一件事自然是慰問受傷的常遇春和一線戰士們；第二件事是參觀，由於寧國城進不了，只能圍著城在外面遠遠地觀望；第三件是令所有士兵不要再攻城，而是改做一種叫「飛車」（前有數排竹片作屏障，上架雲梯，可推著前進）的工具。

　　做完這三件事後，朱元璋大手一揮，說了句「可以攻城了」。頓時出現「前編竹為重蔽，數道並進攻之」的場面，士兵推著這種可遮擋飛箭、礌石的飛車，從四面八方攻城，效果自然看得見，很快就穿過了寧國城守軍的密集防守，登牆入城了。這樣一來，任憑守將別不華、楊仲實及朱亮祖「三劍客」本事再高，也無力迴天了。留得青山在，不怕沒柴燒。想通了這一點，「三劍客」選擇了逃走。但結果是，朱亮祖為了掩護別不華和楊仲實突圍而被活捉。

聽說朱亮祖被擒後，朱元璋對這位能把他手下「絕代雙虎」之一的常遇春整傷，打得徐達也無計可施的朱亮祖很感興趣。

然而，朱元璋一看到被綁得嚴嚴實實的朱亮祖，心裡就讚嘆道：「長得比馬還強壯，比馬還俊俏，比馬還威風，不愧為『虎痴』啊！」但臉上卻不動聲色，厲聲道：「敗軍之將為何不拜啊？」

「男兒膝下有黃金，只跪蒼天和娘親，你不是蒼天也不是我娘，我為什麼要跪你？」朱亮祖昂首道。

「你不怕死？」朱元璋心裡暗暗稱奇，嘴裡卻試探道地。

「生又何歡，死又何懼？」朱亮祖大義凜然道地。

「你真想死？」

「話不投機半句多，是殺是剮，悉聽尊便，何須多言！」

「既如此，來人哪，給我……」朱元璋叫道。親兵們「會意」，一擁而上，推著朱亮祖就往外去動刑。

「你們這是幹麼？給我鬆綁……」說著朱元璋走下來，親自為朱亮祖鬆綁。

「你這是幹麼，如果我還是不願跟隨你，並且乘機發難呢？你豈不是投鼠忌器，前功盡棄了。」朱亮祖被朱元璋的舉動弄得有點莫名其妙。「你不會冒這個險，你不會把自己往絕路上逼。」朱元璋目光如炬，盯著朱亮祖，一字一句道地：「也有老母親，也有心上人，也有生死情，也有離別恨……」

「士可殺不可辱！」

「士可忠不可愚！」朱元璋道，「元朝這樣黑暗的政府，就要倒閉了，還值得你這樣賣命嗎？試想想，你們拚死拚活在前線，又得到了什麼，

士兵們吃不飽穿不暖，而那些高官坐在家裡享清福，豐衣足食，安逸享受。這樣的朝廷、這樣的主子，你還打算愚忠下去嗎？」朱元璋的話句句說到朱亮祖的心坎裡去了，他原本以為被擒後必死無疑，因此對生不抱任何希望，只希望能死得痛痛快快，少受些折磨就行了。但朱元璋的一系列舉動出乎他的意料，也讓他看到了一位求才若渴的賢主的光輝形象。我傷了他心愛的大將，他卻能相逢一笑泯恩仇，這需要怎樣的胸襟和氣魄？這樣的賢主才是自己要跟隨的賢主啊……良久，朱亮祖終於說話了，沒有直接點頭答應歸順朱元璋，而是說了這樣一句一語雙關的話：良禽擇木而棲，賢臣擇主而侍。

就這樣，朱亮祖選擇了易主朱元璋，不管怎麼樣，他們都姓朱，說不定五百年前還是一家呢。而朱亮祖也是一個知恩圖報的人，從此死心塌地追隨著朱元璋南征北戰，為朱元璋打江山立下了汗馬功勞。

朱元璋就是朱元璋，再次用實際行動證明了自己「仁者無敵」的神話。一出手就知有沒有，寧國一戰，不但招降了朱亮祖，還得到了降軍十餘萬、戰馬兩千餘匹，當真是得了將領又得兵。

# 後院起火

　　然而，就在朱元璋風風火火地在寧國一帶攻城拔寨時，他的後院卻著火了。點火的人不是別人，而是老相識張士誠。

　　經過上一輪的試探期後，兩人早已知根知底了。因此，也不用再藏著掖著，而是直接拿出真刀、真槍、真本事來面對面。因此，張士誠趁朱元璋全力進軍寧國一帶時，他也開始了自己的「復仇之旅」。張士誠進攻的主攻點是長興。長興之前是屬於他的「固有領土」，後來被朱元璋以「購買」的方式強行占有了。現在他想奪回來也在情理之中。

　　然而，張士誠想重奪長興，且不說朱元璋不答應，長興的守將耿炳文也不答應。因此，兩人就只有拳頭下見真功夫了。結果張士誠和耿炳文大戰一百個回合後，耿炳文故意露出破綻，然後使出一招「回馬槍」，大敗張士誠。

　　張士誠偷雞不成反蝕把米，灰溜溜地走後，朱元璋帶著大軍十萬火急地趕回來了。他原本是來救援長興的，見張士誠走了，不喜反憂，如果我到外面一打，張士誠就來騷擾，那我不是防不勝防嗎？與其被你攻，不如再給你點顏色瞧瞧，不然，你不知道天高地厚；不然，你不知道你朱爺爺的本事。於是他馬上派江淮分樞密院副使張鑑和僉院何文政率兵去進攻張士誠所擁有的另一座軍事重鎮 —— 泰興。

　　張士誠也沒有坐視不管，立刻派兵前去援救，結果朱元璋早有提防，設下埋伏，大敗援軍，張士誠的大將楊文德等人也成了階下囚。結果泰興在孤立無援的情況下，很快被朱軍攻破。

至此，張士誠一定會後悔得腸子都青了。是啊，本來雙方在有爭議的相鄰邊疆達成了擱置爭議、共同開發的協定，但因為自己一時耐不住寂寞，從而攪了局，弄得雙方再度大動干戈，結果他繼偷雞不成反蝕米之後，又損失了一隻「雞」——泰興。這不是他想要的結果，但事已至此，又有什麼辦法呢？張士誠不滿意，朱元璋也不滿意。他覺得一個泰興不足以造成完全震懾張士誠的作用，決定再來一票大的，造成「敲山震虎」的作用。於是乎，馬上派出俞通海等水軍大將，帶領水師從水路進攻張士誠在太湖中的馬跡山。

　　俞通海也不是吃素的，他在進軍途中，先是憑著一張三寸不爛之舌，成功地降服了沿途把守的張士誠的部將鈕津等人，從而得以「飛流直下」，如同天兵般出現在東洞庭山。

　　然而，此時張士誠的強大水師在呂珍的帶領下，早已在此「恭候」多時了。因此，俞通海的水師還沒看夠東洞庭湖的美妙風景，立足未穩之時，呂珍帶兵呼嘯著殺了出來。面對震耳欲聾的殺聲、喊聲、鑼鼓聲，俞通海的水兵們驚慌失措下，準備掉轉船頭先「打道回府」再說。然而，正在這個節骨眼上，水軍主帥俞通海突然唰地拔出身上佩劍，大聲道：「『朝辭白帝彩雲間，千里江陵一日還。兩岸猿聲啼不住，輕舟已過萬重山。』我們此次好不容易才到達東洞庭湖，不是來『一日還』的，是來打仗的。現在敵眾我寡，我們是不能撤軍的。我們一旦慌忙地撤兵，不但自亂了陣腳，而且也會給敵人可乘之機，這樣一來，他們必定會全心全意集中所有的水上優勢和力量來追擊我們。如果他們再用烽火傳告各險要處駐軍來狙擊我們，到時候前有阻兵後有追兵，我們豈不是進退無路，死路一條！與其這樣自尋死路，不如放手一搏，現在就和他們決一死戰，或許這樣還有生的可能。」

說著，俞通海充分發揮模範帶頭作用，挺身而出，率先衝向敵陣。俗話說：「槍打出頭鳥。」敵人豈會讓俞通海如入無人之境，很快就用箭雨對他進行了招呼和問候。俞通海揮劍左擋右阻，舞成一道密不透風的網。箭羽紛紛掉落在他身邊的船沿或是湖水中。然而，儘管如此，還是有一支漏網之箭穿過了他的「天女散花」劍陣，直奔他的面門而來。說時遲，那時快，俞通海突覺眼前寒光一閃，本能地正要低頭時，突感一陣椎心的疼痛傳來，那支箭不偏不倚，正中了他右眼下面的顴骨。

按理說俞通海這個時候總該「歇歇」了，然而他展現的卻是另一種場景。他沒有絲毫退縮，沒有絲毫畏懼，依然揮旗號令，依然大無畏地衝向前……直到血流到快要乾涸，力氣撐到快枯竭，人快要倒下時，這才不得不叫人給自己包紮了一下，然後又站到船頭指揮戰鬥。

士兵們見俞通海這般勇猛、這般頑強、這般身先士卒，感動之下，進行了頑強反擊，結果硬是頂住了鋪天蓋地而來的敵軍。

兩軍對壘勇者勝，呂珍見俞通海這般不要命，本就已嚇得心驚膽顫，又見朱軍個個如狼似虎，嚇得更是面如土色。他哪裡還敢再戀戰，來了個「退一步海闊天空」。俞通海以自己的神奇達到了應有的目的。

呂珍不會料到，他的退一步看似海闊天空，但也是孤獨的一大步。因為朱元璋並沒有善罷甘休。派俞通海的第一步任務基本完成後，馬上來了個第二步，派趙繼祖、郭天爵、吳良進攻張士誠的另一座軍事要地江陰，以圖攔腰斬斷張士誠南北交通運輸和來往的通道。

結果江陰在朱軍的頑強攻勢下，很快也以城破的方式告終。隨後朱元璋又來了個第三步、第四步驟，派繆大亨督兵攻取揚州，派徐達乘江陰大捷取常熟。

結果繆大亨不鳴則已，一鳴驚人，不但破了揚州城，還得到了一員揚州守將，綽號「一片瓦」的驍將張明鑑，一萬「青軍」（張明鑑等人最開始在淮西進行起義時，以青布為號，故他所部也叫「青軍」）歸降，兩千餘匹馬，還有數不勝數的財物，當真是賺得個盆滿缽滿。而徐達也沒有讓朱元璋失望，他也很快輕車熟路地拿下了常熟。

如果大家認為常熟是很容易攻打的話那就大錯特錯了，因為常熟守將是張士誠的親弟弟張士德。這個張士德文武雙全，是張士誠的重要智囊團成員之一。然而，文武雙全的張士德沒料到朱元璋這麼快就敢對他動手，結果在徐達到達眼前時，才匆忙應戰，最終步三國時關羽的後塵，來了個大意失常熟。張士德穿的雖然是新鞋，但走的是關羽的老路，所以在常熟被徐達攻入，準備走「麥城」逃跑時，與朱軍碰了個正著，結果成了階下囚。

一句話：朱元璋是東邊通亮西邊亮通，西邊開花東邊花開。而張士誠則是左邊失城右邊失鎮，前邊失火後邊失魚。兩人當真是悲喜兩重天哪！

## 殺還是不殺

　　張士德被朱軍生擒後，最驚喜的莫過於朱元璋了。是啊，一條這麼大的魚上鉤，的確是意外之喜啊！最驚怒的莫過於張士誠了，是呀，打虎親兄弟，上陣父子兵，親弟弟成了階下囚，以後這仗還怎麼打？

　　接下來，朱元璋和張士誠各自面對難題。朱元璋面對的難題：殺還是不殺？張士誠面對的難題：救還是不救？

　　答案也很快出爐，朱元璋是不殺，張士誠是不救。朱元璋不殺張士德的原因是想利用他釣張士誠這條大魚。張士德不是你的弟弟嗎，要想他活命，一個條件，你張士誠投降。張士誠不救的原因是救不起。能力有限（對打一直處於劣勢），愛莫能助。

　　一個不殺，一個不救，接下來只有一種方案可以選擇了，那就是談判。既然是談判，自然是由「占理」的朱元璋提方案開條件了。朱元璋的條件當然很簡單，一命換一命，要想獲得張士德的自由身，除非你張士誠親自來替換。當然，這個方案和條件顯然是張士誠不能接受的。對此，張士誠也提出了自己認為比較合理的條件和方案：非常 3+1。即輸糧十萬石，布一萬匹，一張永結聯盟的合約書，外加一個人。

　　這個人雖然不是他張士誠本人，但也是一個非同小可的人，他便是朱元璋手下有著「三將」（猛將、悍將、愛將）之稱的廖永安。原來樞密院事廖永安率領水師在太湖中配合著俞通海等部作戰，打得敵人落花流水，結果他一時興起，犯了孤軍深入的大忌。他如一把刀直插入敵人的心臟部位，結果對方也不是吃素的，很快就碰到了張士誠手下的「戰

魂」── 呂珍。這個呂珍自然不是浪得虛名，他對廖永安說：「既然你進來了，那我就成全你。」結果說到做到，硬是憑著真刀真槍，直打得廖永安趴在地上為止。

鑑於廖永安在朱元璋手下的身分和地位，此時張士誠拿出來作為談判的條件顯然也是合情合理的。一將換一將，還加了三個附加條件，張士誠在談判上可謂「誠至義盡」了，他滿以為朱元璋應該很滿意了。

然而，出乎他意料的是，朱元璋馬上次了一句話：你這是白日做夢，你不要再癡心妄想！

張士誠見狀，知道朱元璋鐵了心腸，不放張士德。於是心中忍著痛，回了這樣一句果斷霸氣的話：白日放歌須縱酒，白日做夢好還鄉。

其實朱元璋做出這樣的決定心裡是在滴血的，畢竟廖永安是他很寵愛的大將之一，畢竟他從和州出發到集慶，一路走來，廖永安身先士卒，立下了汗馬功勞，在軍中也頗有威信。此時不救他出來於情於理都說不過去。然而，朱元璋是無奈的，廖永安固然重要，但張士德更重要。他不僅是張士誠的親弟弟，更重要的是，他還是張士誠南征北戰的定海神針。大型策略方針幾乎都是經過他的手制定出來的，他是張士誠的支柱。如果就這樣換給了張士誠，那不是放虎歸山，給自己以後徒增苦惱嗎？為了事業，為了江山社稷，為了美好明天，他只好忍痛割愛，大義捨親了。為此，朱元璋給廖永安的弟弟廖永忠賞賜了大量財物，並且加官晉爵，連升三級。一是安了廖永安的心，二是為了安手下將士的心。

就這樣談判徹底破滅。既然談不成，那就接著開打，兩人的關係很快從地盤之爭發展到不共戴天的血仇之爭。

值得一提的是，廖永安是「身在張營心在朱」，他拒絕了張士誠無數

次甜言蜜語的勸降、嚴刑拷打的逼降。誓將獄底坐穿也不投降。後來，在經過了八年暗無天日的鐵窗生涯後，他的生命也走到了終點。

而張士德也是個「威武不能屈」的人，他也抵抗住了朱元璋的多次勸降，最後在祕密寫了一封信想方設法叫人送到了張士誠那裡去後，他覺得自己再活著是對哥哥張士誠的一種累贅了，於是，他選擇了以絕食的方式結束了自己短暫而匆匆的一生。

張士誠接到了張士德的遺書，淚如雨下，展開血書一看，但見裡面只有帶血的十二個字：投降元朝，忍辱負重，借殼發展。

這時的張士誠原本就屋漏偏逢連夜雨，被朱元璋痛擊的時候，還受到南面軍閥方國珍的偷襲，已是焦頭爛額。此時，張士德如同千里眼一樣，這十二字方針，給他在迷惘困惑中指明了方向。是啊，以前我在剛發跡的時候不是也靠和元朝拉近乎、唬弄元朝官兵從而積蓄力量，最終成為一方諸侯的嗎？現在形勢危險，「掛靠」元朝確實是以退為進的萬全之策呀！想到這裡，他馬上召集手下文武重臣進行商量，結果得到了大家一致贊成。就這樣，張士誠「投降」了元朝（有名無實，只是每年獻糧草給元軍迷惑他們罷了）。

元朝政府的高官受益匪淺，軍功章裡可以記上重重的一筆。而張士誠除了名譽受損外，獲益也匪淺，他從此可以和元軍及軍閥方國珍部和平共處，而朱元璋也不敢再繼續對他進行逼宮了。他得以休養生息，勵精圖治，獲得捲土重來的良機。福兮禍所伏，禍兮福所倚。這話誠不欺我也。

第十二章

天下謀士盡入吾彀中

# 「奇人」朱升

時間：元至正十七年（西元 1357 年）七月。

地點：徽州。

人物：朱升。

個人簡介：朱升，字允升，號楓林，又號隆隱老人、墨莊主人。安徽休寧縣人，與朱熹同宗。受亦儒亦農之父朱秀和大家閨秀之母汪氏的薰陶，自幼刻苦好學，先後師從同鄉江敏求、金齋諭、陳櫟、黃楚望等名家，頗受陳櫟賞識。他重「華夷之分」「嚴華夷之辨」，反對蒙古貴族入主中原，因而不樂仕進。後開館講學於故里霞瀛、紫陽書院、商山書院，歙縣石門、鄭莊等地。元至正四年（西元 1344 年），四十六歲「高齡」的他登鄉貢進士第二名。至正八年（西元 1348 年），五十歲的朱升任池州路學正，整頓學規，教育有方，學者雲集，彰顯才幹。不久，元末農民戰爭爆發，烽火愈燃愈熾，譬如徐壽輝已將其勢力伸到徽州區域內。此時的朱升「避兵奔竄，往往閉戶著述不輟」，靜觀時局的變化。至正十二年（西元 1352 年），朱升避亂棄官「秩滿南歸」，歸隱鄉里。

特長：淵博學識，對經學尤其擅長研究。《明史》記載有三：一是「自幼力學，至老不倦，尤邃經學。所作諸經旁註，辭約義精」；二是「雖治學施教，卻儒而務本，不棄農事耕作」；三是「春深雨足長青草，數畝山田自可耕」。

個人風格：性情灑脫，淡泊名利，超然物外。元末第一次退隱時，他寫下了「兩河兵合盡紅巾，豈有桃源可避秦」。他的一生都在讀書，卻

不棄耕作，他寫道：「春深雨足長青草，數畝山田自可耕。」明朝建立不久，他又第二次退隱，並寫下了生命的感悟：「百戰一身存，生還獨有君。越山臨海盡，吳地到江分。暮郭留晴靄，荒林翳夕曛。歸途當歲晚，霜葉落紛紛。」他的另一首詩《送僧歸南嶽寺》則展現了其淡泊名利、一心向佛的情懷：「山路花香上衲衣，雲深南嶽一僧歸。塵生古像開寒殿，風度閒房掩夕扉。踏雨棕鞋苔蘚滑，炊香野飯稻粱肥。禪餘猶轉千聲偈，總有遊人得見稀。」

輔助人物：朱元璋、鄧愈。

事件：二顧朱升。

背景：朱元璋打得張士誠落花流水「歸降元朝」後，朱元璋暫時放棄了對張士誠進行窮追，以免弄出狗急跳牆的事來。於是再度揮師南下，結果四處開花，先鋒大將胡大海和鄧愈很快攻占了績溪、宣城和休寧，但在進攻鄱陽湖時，卻遭遇了元軍的頑強阻擊，久戰不下，朱元璋於是親臨前線督陣。此時朱軍死傷甚多，士氣低落，朱元璋見了之後，非常憂慮，愁眉緊鎖。鄧愈是個很善解人意的人，便為朱元璋解憂道：「鄱陽湖固然重要，但卻遠不及一個賢士重要。」朱元璋一聽來了興致，問道：「你不說我倒忘了，我不是一直叮囑你每到一處注意明察暗訪，尋找當地名儒的嗎？至今還沒見到你給我送個名儒賢士來。」鄧愈道：「我之所以沒有攻下鄱陽湖，是因為心有旁騖不能專心進攻的緣故。」「這裡荒山野嶺，哪裡有什麼名流儒士？」「遠在天邊，近在眼前。據山民們說，距此三十里處的休寧回溪隱居著一位德高望重的老儒朱升，他善於觀星相，擅長占卜，能預測天上地下人間事，主公何不請他出山，為我軍運籌帷幄。」朱元璋聽說有這樣的高士，又與自己同姓，十分歡喜，當即帶領人馬趕往回溪拜訪朱升。

故事情節回放：三國時的劉備為了請諸葛亮下山，來了個三顧茅廬，朱元璋請朱升下山，來了個二顧回溪。首先我們來看朱元璋的一顧回溪。

　　朱元璋是個雷厲風行的人，在鄧愈的推薦下，早已求賢若渴的他恨不得立即把朱升請到身邊來。於是，他馬上帶著幾個親信馬不停蹄地趕到了回溪。勒馬四望回溪景物，果然山不高而秀雅，水不深而澄清；地不廣而平坦，林不大而茂盛；猿鶴相親，松篁交翠……此情此景，端的美不勝收。累得夠嗆的朱元璋一行便在西邊的一個山嶺頭（後人將此嶺定名為思賢嶺，嶺下有一個亭子叫訪賢亭）休息，準備養精蓄銳之後，再訪朱升。正在這時，山下以東傳來刺耳的鞭炮聲。朱元璋感到很好奇，這個窮山僻野，會是哪戶人家辦喜事呢？於是就沿著鞭炮聲趕到回溪，看到一個姓洪的大戶人家正在上梁，周圍人山人海。朱元璋看到中柱上有副對聯，上聯「豎柱喜逢黃道日」，下聯「上梁恰遇紫微星」，梁上橫匾為「紫微高照」四個大字（後來徽州人家建房上梁必貼「紫微高照」）。朱元璋見這副對聯寫得很不一般，就問主家，對聯是誰寫的。家主說：朱升寫的。朱元璋一聽大喜，踏破鐵鞋無覓處，得來全不費工夫。正愁找不到朱升的隱身處呢，於是按照山人的指點，找到朱升家。他敲了半天門，朱夫人正在廚房切菜，聞聲急忙出來開門，向來人行禮，問有什麼事。朱元璋說：「大宋江南行中書省平章政事、右丞相、吳國公，特來拜見先生。」朱夫人說：「我記不得許多名字。」朱元璋道：「你只說朱元璋來訪。」朱夫人道：「我家夫君昨天早上出門了。」朱元璋道：「何處去了？」朱夫人道：「蹤跡不定，不知何處去了。」朱元璋再問：「幾時歸？」朱夫人道：「歸期亦不定，或三五日，或十數日，或二三月，或一年半載。」朱元璋聞言惆悵不已。鄧愈道：「既不見，自歸去罷了。」朱元璋道：「且待片時。」也就是這「且待片時」，朱夫人又道：「夫君去時，叮

囑我這兩天如果有貴客到，可領到陋室一觀。」說著朱升夫人領朱元璋等人進了屋，到「陋室」一看，空空蕩蕩，只有一個竹匾，蓋住一隻碗。朱元璋揭開竹匾，碗裡有半碗水，水中有一隻螃蟹。正當朱元璋看得雲裡霧裡時，朱夫人說：「你們有事請教，就看這個東西。」朱元璋走近拿起螃蟹仔細一瞧，螃蟹的臍子已經被扒掉了，轉而一想大悟，鄱陽湖就是蟹的形狀，有七門，其中一門就叫齊門，朱升這是暗示我攻打齊門。「先生真乃神人也。」朱元璋嘆道，便大有賴在陋室不走之意，最後鄧愈提出折中辦法：「不如且歸，再使人來探聽。」朱元璋這次才一步三回頭地走出來。後來，朱元璋照此用兵，結果一舉攻克鄱陽湖。

也正是因為這次見證了朱升的神奇，朱元璋馬上又來了個「二顧回溪」，非要找到這位曠世奇才不可。

當年冬天，朱元璋派鄧愈重兵包圍徽州城，元軍依然進行了頑強的堅守，雙方相持半月餘，仍是棋逢對手，將遇良才，呈僵持狀態。朱元璋還是一如既往地前來「督戰」，結果鄧愈再次舉薦朱升，說：「如果有朱升在，取徽州城如探囊取物。」

對此，朱元璋的回答是：「然也。」見證了上次戰役的神奇勝利，朱元璋對朱升的謀略和才華佩服得五體投地。鄧愈的提議，正合他的心意。考慮到他上次拜訪大張旗鼓地去請人，結果出現「人去樓空」的情況，朱元璋這一次學乖了，吸取教訓後，把帶領的隊伍化裝成商隊，並帶一百零一匹戰馬，其中一匹為金馬，乃是請朱升出山的禮物，並且美其名曰：以一敵百。

接下來的情景跟《三國演義》裡的劉備三顧諸葛亮差不多。時正值隆冬，天氣嚴寒，彤雲密布。行無數里，忽然朔風凜凜，瑞雪霏霏，山如玉簇，林似銀妝……然而，天寒地凍阻擋不了朱元璋求賢的決心和

信心。在離草廬半里之外時，為顯誠意，朱元璋便下馬步行，來到門前時，正遇見朱夫人。朱元璋忙施禮，問道：「令相公可在否？」朱夫人答：「昨暮方歸。今日先生雖在家，但今在草堂上晝寢未醒。」朱元璋道：「既如此，且休通報。」於是叫手下「商人」站在外面等著，他徐步而入，見朱升仰臥於草堂幾席之上。朱元璋拱立階下。半晌，朱升未醒。望堂上時，見朱升翻身將起，忽又朝裡壁睡著。朱夫人正欲相報，朱元璋曰：「且勿驚動。」又立了一個時辰，朱升才醒，翻身問朱夫人道：「有俗客來否？」朱夫人道：「吳國公在此，立候多時。」朱升乃起身曰：「何不早報，尚容更衣！」遂轉入後堂。又半晌，方整衣冠出迎……

朱元璋一看，走出來的是一名年約六旬的老者，滿臉深深的皺紋，花白鬍子，兩眼炯炯有神。見朱升是個糟老頭子，朱元璋心裡有點失望，但還是趕緊施禮道：「終於見到了老先生了。」朱升說：「請問您是誰？」朱元璋雙手一抱拳，恭敬地說：「我是朱元璋。」朱升施禮說：「原來是朱元帥到了，我不過是一個鄉野村夫，怎麼敢勞您大駕屈尊下問呢？」於是趕緊把朱元璋請進屋裡。

進屋後，朱元璋開門見山地說了三句話。第一句是恭維：久聞先生博覽群書，學識淵博，如雷貫耳，恨不能早見。第二句話是自述：我本布衣，為了推翻元朝統治，拯救天下百姓，才起來造反的。第三是問策：如今元朝腐敗，群雄並起，逐鹿中原，懇請先生教我救國之策。

朱升透過兩次「試探」，已知朱元璋平易近人、禮賢下士，而且胸懷大志，於是沉思了一會兒，說：「那我也同樣送您三句話。」第一句話是高築牆：要輕徭薄賦、減刑廢苛，讓百姓安居樂業；要廣納賢才、興師重教，讓士兵凝聚成一股繩。要有強大的軍事力量，可以戰勝和抵擋強大的敵人，要以此來鞏固自己的根據地，這是立足之本。第二句話是廣積糧：

要勸民農桑、廣儲食糧，有充分的物資準備；要積蓄力量，防患於未然，有充分的給養；要有經濟實力做支撐，要有飯吃要有衣穿，要多措並舉千方百計地讓將士們為你死心塌地地賣命，這是發展之源。第三句話是緩稱王：槍打出頭鳥，不要過早地出頭，過早地出頭就成為別人攻擊的目標，你想稱王，別人更想稱王呢！誰想稱王先滅了誰。要先繼續臣服小明王，尋求他的「庇護」，蓄勢待發，再圖發展壯大，這是安邦之策。

朱元璋聽後，輕輕地重複一遍，突然眼前一亮，喜上眉頭，說：「我明白了，謝謝您的指教。您這三句話，好像給我心裡點燃了一盞明燈，使我豁然開朗。照這三句話行事，大業可成。您是讓我操練兵馬，積蓄力量；發展農業，備足軍糧；韜光養晦，以待時機啊！」朱升見朱元璋對他的話理解得如此透澈，非常高興，說：「您果然不是平常之人！」朱元璋聞言，拱手謝道：「先生的話讓我頓開茅塞，使我如撥雲霧而睹青天。然而，現在縱觀天下形勢，東有張士誠，西有陳友諒（徐壽輝已被架空），都是起義隊伍，我不忍心兄弟相殘啊。」朱元璋明明早就和張士誠動武了，還裝著假仁假義，顯然更是在試探朱升的心。

朱升說：「我夜觀天象，徐壽輝不久於人世，陳友諒弒主必然會人心所背，眾叛親離，不足為慮；張士誠非立業之主，這天下日後必歸將軍您啊！」

接下來，朱元璋便來最實際的了，要請朱升下山。請詞當然還是很客套的：「某雖名微德薄，願先生不棄鄙賤，出山相助。某當拱聽明誨。」這個時候，作秀是必要的。「作秀」有三種解釋：一是表演、演出；二是展覽宣傳活動；三是弄虛作假，裝樣子騙人。朱升顯然是屬於第一種了，一來顯示謙卑，二來作秀的需要，推託道：「升久樂耕鋤，懶於應世，不能奉命。」

見了朱升的作秀，朱元璋也馬上玩起了作秀。他突然擦了擦眼睛，神情極為傷感地說：「先生如果不出山，如何拯救這天下蒼生啊！」說完，來了個「淚沾袍袖，衣襟盡溼」。能在這麼短的時間擠出淚來，看來朱元璋天生就是當演員的好料子。

　　作秀到此算是點到為止了，如果再作下去，那就不是作秀，而是作假了，效果會適得其反。朱升見好就貼金，於是乎，說了這樣一句「雷同」的話：「將軍既不相棄，願效犬馬之勞。」

　　接下來，朱元璋也要來實際的了，馬上叫手下「商人」送上金馬為「聘禮」，拜獻金馬禮物。朱升當然還要接著秀一把，於是推辭不接受。朱元璋也得再勸，進行唬弄：「這並非聘請先生這樣的大賢之士的禮物，先生是無價之寶，只是這份薄禮，略表我朱元璋一份心意罷了。」

　　朱升只好極為「難為情」地接下了。就這樣，朱升終於被朱元璋的誠意感動，下了山。朱元璋也沒有食言，下山後當即拜朱升為中順大夫，備顧問於內廷，參密命於翰苑。從此，朱元璋待朱升如師如父如敬上賓，到了「食則同桌，寢則同榻，終日共論天下之事」的地步。朱升後來以詩的形式敘述了朱元璋來訪的時令、方向、馬匹等，以及自己的喜悅心情，詩云：

　　西風笳鼓東南來，國本應須老手裁。

　　淨洗甲兵過練水，早隨冠冕上雲臺。

　　傳宣馬繫門前柳，作頌人磨石上苔。

　　機會到時須勇進，無邊莫待羽書催。

# 知恩圖報

　　當然，朱元璋如此器重朱升，朱升也是血肉之軀，有情有義之人，自然感恩於心，於是，馬上知恩圖報。他獻給朱元璋三件禮物。第一件禮物是一座城 —— 徽州城。徽州城城小而堅，易守難攻，鄧愈大軍久攻不下，朱升下山後，徽州城將是他的「試刀石」，能不能拿下來，怎麼拿下來，拿下來的代價是什麼，這是朱元璋和他手下千萬將士拭目以待的。否則，朱元璋這麼大張旗鼓地請他下山，這麼關愛他，那是會成為笑柄的。因此，當朱元璋問起攻打徽州城之計時，朱升回答很驚人：「有計便是無計，無計便是有計。」朱元璋眼睛睜得像燈籠，這是啥意思啊！朱升卻是笑而不答。接下來，卻馬上來實際的了。他們來到最前線，看著雙方正在進行你死我活的拼鬥，一邊是奮不顧身地進攻，一邊是視死如歸地防守；一個是利矛，一個是堅盾，正打得難解難分。朱升突然要求朱元璋撤兵。朱元璋儘管很不解，但還是照辦了。

　　「兵法云，攻城為下，攻心為上。徽州城這樣堅城，強硬攻城是下策，唯有攻心方是良策啊。」朱升說著獨自一人來到了城下，徽州城守城元帥福童原本正在指揮著和朱軍進行大決戰，正在生死搏鬥的節骨眼上，突見朱軍呼啦啦都撤退了，原本感到很奇怪。這時，又見朱升獨自一人來到城下，更感驚訝，此時城上元軍弓箭手早已拉滿弓，只等福童一聲令下，便把朱升來個萬箭穿心。

　　「站住。」福童說著上箭拉弓，只聽見嗖的一聲，一支利箭穿過天空，落到了朱升身前，顯然是在警告他，往前一步是孤獨，退後一步是幸福。

朱升卻不理會，依然向前走。於是乎，越來越多的箭或是落在他前面，或是後面，或是左邊，或是右邊，總之，他被箭羽包圍著。但朱升沒有絲毫畏懼之色，他跨著沉重的步伐，徐徐走到了城門口，這才站定。

　　「開門！」朱升叫道。

　　「你想進來送死？」福童道。

　　「我想救你們出來。」朱升道。

　　「如果我們不開門呢？」福童道。

　　「你會開的。」朱升顯然胸有成竹。

　　「為什麼？」福童問。

　　「因為你不開門就只有死路一條，只有開了門才有活路。」朱升道。

　　「城在人在，城破人亡。」福童表明自己視死如歸的心跡。

　　「好骨氣。可惜你現在這麼做不值得。」朱升道。

　　「為什麼？」福童再問。

　　「因為你這是愚忠。元朝已是風雨飄搖，是扶不起的阿斗了。你這般賣命也於事無補，反而會搭上上萬士兵的性命。」朱升望著福童，一字一句道地，「救人一命勝造七級浮屠，你非要逼他們往絕路上走嗎？」

　　對話到此夏然而止，福童呆住了，站在那裡一言不發，沉思半晌，突然長長地嘆了一口氣，厲聲叫道：「開門！」

　　就這樣，朱升憑著一己之力，冒萬箭之鏃，獨立城下，說服守城元帥福童開城歸降，使朱軍兵不血刃地拿下了徽州。小試牛刀，朱升表現得極為精彩，朱元璋對他更為傾倒，於是對他愈愛。

　　朱升再接再厲，送給了朱元璋第二件禮物，也是一座城──婺州城。

話說朱元璋攻下徽州後，他調兵遣將，繼續大舉南征。龍鳳四年（西元 1358 年）十一月，朱元璋派出的三劍客鄧愈、胡大海、李文忠（朱元璋外甥）直指浙東軍事重鎮 —— 婺州，但結果是婺州「久拒絕下」。朱元璋依然親臨現場「督導」作戰。這一次，朱升獻的計：「殺降不祥，唯不嗜殺人者，天下無敵。」意思很明顯，婺州城的守軍死守的信念是為了保命，如果我們不嗜殺，能留給他們一條生路，他們意志很快就會崩潰了。果然，朱元璋採納他的建議，下令「城破不許妄殺」的政策後，不到一個月，婺州便被攻破了。烽火連三月，城池抵萬金。應該說朱升的禮物既實惠又實用。

　　朱升給朱元璋的第三件禮物是一個大活人，一個滿腹經綸的大活人。這個人的名字響噹噹，亮晶晶，閃光光，他便是名滿天下的大謀士 —— 劉基。

　　人的慾望是無窮盡的，朱元璋得了婺州後，得隴望蜀，又打起了處州的主意。但他知道處州不是那麼好打的，那裡的防守強度比婺州高出何止十倍。於是，打之前，他便問朱升：「我想攻打處州，你看可不可以啊？」朱升回答說：「得處州者，得天下。」朱元璋一驚，問道：「處州有這麼神奇，難不成是彙集帝王靈氣之處？」「非也，不是帝王靈氣之所，而是天下才俊藏身之地。」朱升說著，定定地看著朱元璋，喃喃道地：「處州名儒之士多如牛毛，其中劉基、宋濂、葉琛、章溢，號稱處州四傑，四人個個有王佐之才，特別是劉基，如三國的伏龍、鳳雛，是得之能安天下的人物。如能招至麾下，天下何愁不定！」「那這個劉基跟先生比如何？」「猶如銀河之比皓月，鯤鵬之比蓬間小雀，是沒有辦法與之相提並論的。」

　　朱元璋聽說有這樣的奇人異士，自然很感興趣，馬上調兵遣將對處州發起了強攻。婺州原本就是處州的門戶，婺州被朱元璋攻下後，對處

州的元軍造成了「隔城震心」的作用，結果看到朱軍勢不可當地猛撲過來，甚至連抵抗這樣必要的「裝腔作勢」都直接免了，便在城頭上掛起了投降的象徵物 —— 白旗。原本以為這將是南征最艱難的一戰，沒想到以這種戲劇性的方式結束了，這令朱元璋哭笑不得。一句話：只要努力，一切皆有可能。

朱升給朱元璋推薦了劉基這個人，接下來便是朱元璋如何去「請」的問題了。當然，朱元璋沒有盲目地馬上行動，在去之前，他還找他的智囊團主力成員之一的李善長在一間古色古香的密室進行了一次密談。

「當年劉邦也是一介布衣出身，是憑什麼打下天下的呢？」朱元璋一開始就話中有話。「劉邦之所以能在楚漢之爭中戰勝強大的項羽，主要靠一個運籌帷幄的軍師張良、一個決戰千里的武將韓信、一個賙濟三軍的後勤部長蕭何，正是因為三個不世之才的輔佐，才能統一天下。」

「你就是我的蕭何，徐達是我的韓信，卻不知誰可當我的張良呢？」朱元璋開始「亮劍」了。

「青田的劉基和金華的宋濂皆有張良之才。」

「如果二選一呢？」

「劉基文韜武略，運籌帷幄，決勝千里，謀略說他天下第二，沒人敢說第一；宋濂精通詩詞、擅長經文儒家學問，說他天下第二，沒人敢說第一……」

「我明白先生的意思了，劉基才是我的張良，而宋濂可比陳平是吧！」朱元璋說著和李善長對視，意味深長地笑起來。

李善長在朱元璋攻打集慶的過程中，扮演的角色都是智囊團的「大哥大」角色，朱升來了後，兩人算是「絕代雙驕」了。特別是朱升連拿兩

座城池，讓朱元璋對他已經寵愛到了極點，兩個新舊寵臣都對劉基進行推薦，可見這個劉基不簡單。朱元璋也不是孤陋寡聞的人，以前對劉基便早有耳聞，因此，他不再遲疑，馬上準備聘禮去「禮聘」劉基。

# ▋「神人」劉伯溫

首先來簡單地看一下劉基的情況。

字：伯溫。

曾用名：劉青田。

出生地：浙江青田九都南田山之武陽村。

啟蒙老師：父親劉爚（曾官遂昌縣學教諭）。

愛好：讀書、識字。

綽號：神童（好學敏求，聰慧過人，讀書能一目十行、過目不忘）。

成長經歷：十二歲考中秀才。泰定元年（西元 1324 年），十四歲的劉基入郡庠（即府學）讀書。他從師習《春秋經》。這是一部隱晦奧澀、言簡義深的儒家經典，很難讀懂，尤其初學童生一般只是捧書誦讀，不解其意。劉基卻不同，他不僅默讀兩遍便能背誦如流，而且還能根據文義，發微闡幽，言前人所未言。老師見此大為驚訝，以為他曾經讀過，便又試了其他幾段文字，劉基都能過目而識其要。老師十分佩服，暗中稱道：「真是奇才，將來一定不是個平常之輩！」一部《春秋經》，劉基沒花多少工夫就學完了。泰定四年（西元 1327 年），劉基十七歲，他離開府學，師從處州名士鄭復初學周（周敦頤）程（程顥、程頤）理學，接受儒家通經致用的教育。劉基博覽群書，諸子百家無一不窺，尤其對天文地理、兵法數學，更有特殊愛好，潛心鑽研揣摩，十分精通。天生的稟賦和後天的努力，使年輕的劉伯溫很快在當地脫穎而出，成為江浙一帶的大才子、大名士，開始受到世人的矚目。

預言：他的老師鄭復初就曾對劉基祖父說：「他日這個孩子必定會光大你家門楣，振興劉氏家族！」西蜀名士趙天澤在品評江左人物時，將劉基列為第一，將他與諸葛孔明相比。

形象：虬髯，貌修偉，身著布衣，威猛剛烈，慷慨有大節，論天下安危，義形於色。全然一副梁山好漢的模樣（和羽扇綸巾、談笑自若的傳統學士名臣儒雅瀟灑的形象完全不同）。

性格：嫉惡如仇。

最大不幸：懷才不遇（仕途生涯坎坷曲折，跌宕起伏）。

仕途經歷：元統元年（西元 1333 年），二十三歲的劉基赴元朝京城大都參加會試，一舉考中進士。涉入仕途後，劉基這才真真切切地感受到元王朝的腐敗昏聵、貪婪殘暴、醉生夢死，最後他沒有選擇和他們同流合汙、沆瀣一氣，很快蟄居隱退。在家閒居三年後，也就是至元二年（西元 1336 年），又被元朝政府授為江西高安縣丞。作為天子門生，他還是無限感激元朝皇帝賜給他這一施展才華的機會，以實現自幼立下的宏圖大志。所以，他一出仕就立志要用自己的全部才華和忠誠，去幹一番大事業。縣丞雖然是個輔佐縣令的小官，劉基並沒有因為位卑職微而敷衍塞責，他勤於職守，執法嚴明，很快就做出了政績。他深入鄉間，體察民情，發現高安縣一些豪紳地主勾結貪官汙吏，無法無天，騙人錢財，奪人妻女，殺人害命，無惡不作。劉基傾聽百姓的哭訴後，義憤填膺，決心為民除害。經過明察暗訪，掌握了真憑實據後，對幾個劣跡昭著的豪強惡霸，堅決予以嚴懲，並對縣衙內貪贓枉法的官吏也進行了整治，高安縣的社會風氣很快就有了好轉。劉基的剛正不阿、一身正氣贏得了百姓的讚譽。然而，正是因為他的正直，地方豪紳對他恨之入骨，總想找事端陷害他，最終在刀鋒上過日子的劉基再度選擇辭官歸隱青

田。至正三年（西元 1343 年），朝廷再度請劉基出山，給他的職務是江浙儒副提舉，兼任行省考試官。至正十八年（西元 1358 年），因反對招撫方國珍而被革職，四十八歲的劉基第三次棄官回到浙江青田九都（南田）武陽故里，歸隱山林，研讀兵法，著書立說。

　　主要成就：哲學家、謀略家、文學家、軍事理論家、易學家、天文學家。

　　主要作品：著有《燒餅歌》（全文是用隱語寫成的「預言」歌謠，是從一定的「象數」規律排開，涉及「象、數、理、占」的文化應用，在民間流傳很廣，影響極深，難以理解，視為神撰）、《郁離子》（想像詭異，寓意深遠）、《百戰奇略》（兵書寶典）、《天文祕略》（天文歷數）、《觀象玩古》（卜筮方面）、《玉洞金書》（曆書）、《注靈棋經》（共二卷）、《解皇極經世稽覽圖》（共十八卷）。

　　人生格言：二分人生，五十歲是個分界線，五十歲前行屍走肉，五十歲後行走江湖（五十歲前效忠於元朝；五十歲後輔佐朱元璋）。

　　代表詩詞：《遊雲門記》。詩云：「語東南山水之美者，莫不日會稽。豈其他無山水哉？多於山則深沉杳絕，使人愵凄而寂寥；多於水則曠漾浩瀚，使人望洋而靡漫。獨會稽為得其中，雖有層巒復岡，而無梯磴攀陟之勞；大湖長溪，而無激衝漂覆之虞。於是適意遊賞者，莫不樂往而忘疲焉。」

　　最自豪：家鄉美。劉基曾有詩形容家鄉南山之美景及風俗之醇厚，「我昔住在南山頭，連山下帶山清幽。山巔出泉宜種稻，繞屋盡是良田疇。家家種田恥商販，有足懶登縣與州。東鄰西舍迭賓主，老幼合坐意綢繆。山花野葉插巾帽，竹箸漆碗兼瓷甌。酒酣大笑雜語話，跪拜交錯禮數稠⋯⋯」豐收之後，鄉人們歡樂的宴飲圖，或許構成了劉基心目中

永遠無法抹去的太平景象。宴飲過後，人們「出門不記舍前路，顛倒扶掖迷去留」「朝陽照屋且熟睡，官府亦簡少所求」的生存狀況，是多麼寧謐而值得回憶啊！

傳說：西湖望雲和陳說天命的故事。據說，劉基在做江浙行省儒學副提舉時，曾遊西湖，見異雲起西北，光映湖水中，同遊者魯道原、宇文公諒等人都以為是慶雲，將分韻賦詩。劉基獨縱飲不顧，大聲道：「這是天子之氣啊，應在金陵，十年後有王者起其下，我當輔之。」當時，杭州城還是一片繁華，同遊的人都以為劉基說狂話，嚇得紛紛避走，說：「這不是要連累我們滅族嗎？」劉基與門人沈與京痛飲而歸。十年之後，即朱元璋攻破處州時，劉基大擺筵席，向親朋好友陳說天象，說：「此天命也，豈人力能之耶？」於是與朋友葉琛、章溢應徵赴集慶，等待命運的安排。

# 風雨故人來

考慮到劉基是個難得的人才，朱元璋自然不敢怠慢，但是要用什麼辦法請他出山呢？朱元璋第一感覺還是「老調重談」，親自去請他出山。但此時南線戰局複雜，一來他離不開身，二來親自去請效果也未必好。

思前想後，朱元璋決定先對劉基來了個投石問路。還是發揮自己的愛好——寫信，寫了一封熱情洋溢的信。信分三大部分。第一部分是「恭維」：無非是一些「先生之名，如雷貫耳」之類的大話、空話、客套話。第二部分是「展望」：分析天下形勢，展望未來發展局面。第三是「懇求」：請劉基出山相助，共同完成祖國統一大業。

如果說寫信是為了給素未謀面的劉基正「名」的話，那麼叫人準備金銀財寶，就是想給他「利」了。朱元璋的想法很實在，有了「名利」，劉基應該會乖乖地下山吧。準備好這一切後，朱元璋叫朱升來給自己分析這樣做妥不妥。朱升見了信，點了點頭，給出的評價：樸實之中有華章，平淡之中見真情，情之所至，感人至深。可他見了黃金，頭搖得像撥浪鼓，笑道：「黃金難買志士心！將軍應該擇其所愛，投其所好。」朱元璋只有「求教」的份兒了，朱升只說一句話就讓他茅塞頓開：黃金萬兩不如好書一部。

於是乎，朱元璋馬上派人四處尋訪奇書。當時天下亂成那樣，找一部好書不是那麼容易的事。但功夫不負有心人，經過一番大海撈針的尋找後，總算勉強弄到一部《呂氏春秋》。

一封信為「名」，一部書為「利」，朱元璋派出「郵寄」的人叫孫炎。

孫炎此時是處州總制官。孫炎這個人，在《明史》中不是很出名，今天的人也不怎麼知道他，但在當時，他可是朱元璋最為得力的幹將之一。時人夏煜描述朱元璋與孫炎之間的關係說：「我皇入金陵，一見顏色厚，高談天下計，響若洪鐘扣。」根據史書的記述，孫炎這個人身高六尺餘，面黑如鐵，有一隻腳還有點跛，不怎麼讀書，但卻喜歡賦詩，往往有奇句，又善於雄辯，一開口就是數千言，在他的面前，人人都怕他那張嘴。孫炎還非常喜歡喝酒，喝了酒後作詩辯論，有如神助，豪情萬丈。孫炎交友廣泛，夏煜、宋濂、汪廣洋都是他的好友。可以想見，孫炎確實是一個非常有人格魅力的人。總之一句話，朱元璋派孫炎出馬，就是想利用他的一張利嘴出奇制勝，成功地把劉伯溫請下山來。事實上，孫炎特別珍惜這次來之不易的機會，當下，孫炎貼身帶好書信，帶了隨從便向東南出發，翻高山，繞曲水，大費周折地來到了青田九都南田山之武陽村，結果只聞其名不見其人。吃了閉門羹的孫炎最後只好帶著書信怏怏而歸。第一次請劉基下山就以這種方式告終。

朱元璋剛開始聽了孫炎的彙報，覺得劉基過於恃才驕矜，不給他一點兒面子，他精心準備的名利居然看也不看，很是生氣！但轉念一想，人說劉基是孔明再世，不同凡人，當年劉玄德三顧茅廬，以誠意請諸葛亮出山，何等屈尊！我不過派人前去請了一次，豈能得天下奇才呢？於是，他馬上再派孫炎去請劉伯溫。

這一次，孫炎還是帶著「名利」—— 朱元璋的親筆書信，一路風塵僕僕來到了武陽村，這一次終於見到了劉基。劉基當時正在撰寫《郁離子》，稿子堆滿石板，聽說孫炎來了，於是迎出來道：「啊，想不到是『風雨故人來』！」原來孫炎跟劉基是「君子之交淡如水」的故交。

雙方禮畢，寒暄過後，孫炎開始談正事了，他首先是宣傳朱元璋的

好，說他如何如何氣量大，如何如何求賢若渴，日後必登九五之尊。隨後並說明自己在朱元璋面前推薦了他。希望他能出山輔佐，完成大業。並且不失時機地拿出了書信，對劉基說，這是朱元璋寫給他的親筆信，請你下山共謀大事，可見他對你的重視。

劉基接過書信，看罷，捋捋鬍鬚，沉思片刻，笑道：「謝謝老弟薦舉。只是多年來宦海浮沉，已經飽嘗滋味，對於富貴榮華，我一向看得薄如浮雲。何況如今年近半百，精力已衰，軍機大事，實難勝任。請多拜上朱將軍，我劉基向他致謝。」

孫炎還想再勸，劉基卻搖手道：「老弟要紋枰論道一番，請坐下來，如談國之大事，就請自便吧！」說著，劉基取出一把由花紋鋼鍛制而成的龍泉劍，交給孫炎。

孫炎見劉基一意堅辭，接過劍，只好悻悻而別。

兩次請不出劉基，第三次朱元璋便決定放下繁雜的軍務，親自出馬去請劉基。這一次朱元璋為了避人耳目，只帶了一個人 —— 大家很熟悉的孫炎，帶了一件「禮物」—— 劉基回贈給孫炎的龍泉劍。

劍可以用來殺人，也可以用來請人。朱元璋在孫炎的指引下來到了武陽村，很快見到了傳說中的神人劉基。但見劉基體態修長，兩眼宛若清澈的水潭，高聳的鼻梁，薄厚適宜的嘴唇，舉手投足之間氣質非凡。於是施禮道：「元璋今日得見先生，實在萬分榮幸。」

劉基連忙還禮道：「將軍太客氣了，劉基無才無德，何勞遠道前來。」

「實不相瞞，我這次來是想請先生出山的。」朱元璋也不轉彎抹角，而是直奔主題。

「山野村夫，叫我出山有何用。天下名士多得是，先生還是請回吧。」劉基淡淡道地。「既如此，我有一禮物相送。」朱元璋說著朝身邊的孫炎使了一個眼神。

孫炎會意，只見他一邊從後背抽出那把龍泉劍，一邊說：「這是你的劍。」

「送出去的禮物，潑出去的水，怎麼收得回？」劉基道。

「可是你這禮物我承受不起。」孫炎喃喃道地，「寶劍當獻之天子，斬不順命者。我不臣，豈敢私受？」劉基聞言大吃一驚，撫劍喃喃自語：「好一個孫炎，竟脅吾要斬不順命者！」望著劍，陷入了深思。

原來，孫炎第二次來請劉伯溫，失敗而歸後，朱元璋細細檢視劉基的贈劍，突然，猛拍了一下自己的腦袋，然後說了這樣一句話：原來如此，我早該猜到才對啊！他心中早已明白劉基的用心，他之所以不肯出山做官，一是受古訓「忠臣不事二主」的影響，礙於世議，很是為難；二是在仕途上屢遭挫折，縱有滿腹經綸，如不遇明主也很難施展，不如隱居故里。劉基贈他一把寶劍，分明是表示擁護朱元璋起兵打天下，只是自己不能為朱元璋效勞……朱元璋抽劍檢視，那劍寒光閃爍，當真是「切金斷玉，削鐵如泥」的寶劍。他玩弄了一番，突然一拍腦袋，不覺計上心來，於是當即叫孫炎帶上劍第三次來請劉基。

此時，劉基接到「回劍」，自然明白孫炎這是在向自己「逼宮」，暗示要斬不順命者。就在這時，孫炎開始充分展示才華的時候到了，他出口成章，吟出了一首膾炙人口的〈寶劍歌〉來：

寶劍出鞘光耿耿，佩之可以當一龍。

只是陰山太古雪，為誰結此青芙蓉？

明珠為寶錦為帶，三尺枯蛟出冰海。

自從虎革裹干戈，飛入芒碭育光彩。

青田劉郎漢諸孫，傳家唯有此物存。

匣中千年睡不醒，白帝血染桃花痕。

山童神全眼如日，時見蜿蜒走虛室。

我逢龍精不敢彈，正氣直貫青天寒。

還君持之獻明主，若歲大旱為淋雨。

　　劉基放下劍，靜靜地聽著孫炎贈詩，不由得痴了。聯想近來舊交陶安、宋濂也有書信勸他出山，家人又為他兩次謝絕朱元璋來使而不勝擔憂。再看朱元璋親臨寒舍，殷切期盼的眼神，他思來想去，還是想到「識時務者為俊傑」那句俗話。而今元朝氣數將盡，群雄中又數朱元璋最得民心，已占據大江南北大片富庶地區和城池要津，朱元璋又這般禮賢下士，將來能得天下，我不助他助誰？

　　「懇請先生出山，拯救社稷於水深之中，拯救蒼生於火熱之中啊！」朱元璋不失時機地來了一句。一句頂萬句，劉基心中一動，眼中一熱，淚水便要往外流，權衡利弊，再不遲疑，終於點了點頭，說了一句石破天驚的話：「恭敬不如從命。」

# 時務十八策

　　元至正二十年（西元 1360 年）的春天邁著毫不遲疑的步伐來了，到處都有惠風吹拂，吹得人們周身上下有一股說不出的舒坦。暖陽高掛在當空，一掃它在寒冬時節的慘淡。朱元璋端坐在書房裡，暖陽透過雕花繡欄的窗格照射進來，暖洋洋的，於是，他閉上眼睛，靜靜地享受著這陽光帶來的愜意。驀地，一陣急促的腳步聲打破這難得的沉寂。

　　「主公，劉先生來了。」一個親兵進來報告。

　　朱元璋一聽來了神，馬上跳將起來，迎出門來。卻見滿面春風的劉基正不疾不徐地走來。「路途顛簸，一路勞苦，先生昨天睡得可好？」

　　「謝謝將軍關心，將軍安排的住宿，古色古香，可比我那陋室好何止百倍千倍。」

　　兩人寒暄著進了屋。客套完畢，兩人正襟危坐。朱元璋痴痴地看著劉基，劉基定定地看著朱元璋，眼神堅定而執著，此時屋子裡突然靜得出奇，兩人心知肚明，他們接下來馬上上演的是一場克隆三國版的新「隆中對」──「房中對」。

　　果然，沉默片刻，朱元璋言歸正傳，問的第一句話是：「能詩乎？」劉基的回答：「詩是儒者的末事，哪有不能的！」朱元璋指著案前的斑竹箸（筷子），柔聲道：「請先生賜詩。」劉基隨口唸道：「一對湘江玉並看，二妃曾灑淚痕斑。」朱元璋蹙眉道：「秀才氣味太濃。」哪知劉基接著道：「漢家四百年天下，盡在留侯一借間。」留侯指張良，他是劉邦的謀臣，也是漢朝開國功臣，曾借劉邦吃飯用的筷子，用以指畫當時天下大勢，

為劉邦出謀劃策。這就是「借箸」的故事。朱元璋聽完劉基的「解析」，臉色由陰轉晴，喜道：「好詩。出口成章，章而有序，序而有節，節而出典，典而儒雅，雅俗共賞，賞心悅目，目轉流美，美不勝收啊！」

一席對話，讓朱元璋對劉基的印象由一個術士變為一個酸儒，再變為一個張良般的謀略之士。

如果說朱元璋第一輪是考驗劉基的「才氣」，那麼，接下來便是考驗劉基「才識」的時候了。朱元璋道：「我出生寒賤，飽嘗流離失所、飢寒交迫之苦。恰逢元朝暴政致使民不聊生，四方抗元之火點亮了神州大地，我不求苟活於亂世，亦隨波逐流於抗元的洪流之中不可自拔，所幸幾多拼打廝殺，幾多人生滄桑，幾多風雨如磐，幾多鴻運高照，才謀得一塊彈丸之地，得以暫時棲身立足。我有心拯救天下黎民百姓於水火，使他們安居樂業，但無奈我空有其志，只恨才疏識淺，面對這混亂的世道，不知道如何尋一個萬全之計，立於不敗，還望先生不吝賜教。」

「元帥過謙了，不知有何顧慮？」劉基見招拆招。

「我軍現在處在各路諸侯的夾縫中，物競天擇，適者生存。我現在舉步維艱，是而顧慮啊！」

「放眼如今天下，小明王有名無實，成不了大氣候；大元朝有死無生，已是明日黃花；方國珍有心無力，不足為慮，消滅他在彈指一揮間。」劉基說著頓了頓，才又接著道，「想必元帥憂慮的是陳友諒和張士誠吧。」

「嗯！」朱元璋嘆道，「實不相瞞，張、陳乃是我的心腹大患，為此我費了不少腦筋，至今還沒有想出萬全之策。」

「我想元帥不僅僅是為張、陳兩人的存在煩惱，而是為先滅張還是先滅陳所困擾煩惱吧。」

「嗯！知我者，先生也。」朱元璋點了點頭，道，「還請先生指點迷津啊！」

「我也有一個迷津，想請元帥解惑。」劉基話鋒一轉，也不等朱元璋回話，接著道，「從前有座山，山裡有一隻老虎和兩隻狼。你說最後是老虎稱霸山林，還是狼呢？」

「當然是老虎了。狼哪裡是虎的對手啊！」朱元璋不假思索地說。

「錯。」劉基盯著朱元璋一字一句道，「是狼。」

這下朱元璋睜著一雙好奇的眼睛，只有期盼下文的份兒了。好在劉基馬上解惑道：「因為老虎被餓死了。」

「每次老虎捕獲食物時，那兩隻白眼狼便會來『虎口奪食』，老虎自然要發威，不然狼還當它是病貓。但當凶猛的老虎趕走了這隻狼時，那隻狼卻乘機來偷他的獵物。老虎只好再來趕那隻狼。這時，這隻狼又來了。就這樣，老虎在兩隻狼的牽制下，顧此失彼，結果所獲獵物都被狼叼走了，最終，老虎被餓死了。」

「猛虎難敵群狼，好漢難敵四拳，我現在面臨的就是那隻老虎的處境啊！如果處理不當，便會活活餓死啊！」朱元璋嘆道。

「老虎想要活下來，前提條件必然是要先除去狼。這是生存之道。」劉基道，「元帥便是一隻虎，張士誠和陳友諒便是兩隻狼，如果不當機立斷除掉這兩隻來爭食的惡狼，終究是養狼為患啊！」

「以我現在的實力，恐怕還不能算是一隻虎，就算是虎，也只能算是一隻病虎，或是打盹的虎。張士誠和陳友諒就算是狼，也不是一般的狼，比披著羊皮的狼更狡詐百倍。我現在是除狼無計啊！隨便對哪一隻狼動手，另一隻狼都會乘勢而上，兩狼聯手，腹背受敵，豈不危矣！」

「天地萬物，參差不齊。狼亦如此，也有強弱之分。先找準切入點，對那隻較弱的下手，以快刀斬亂麻之勢除之，再來全力對付那隻強狼，如此便可以各個擊破啊！」劉基說著突然話鋒一轉，問道：「元帥覺得張士誠和陳友諒實力孰強孰弱呢？」

　　「我覺得陳友諒實力強一些。」朱元璋接著馬上說了三點理由：一是地盤大。陳友諒包圍著饒、信二州，占據著荊、襄之地。占領了大半個江南。二是威信大。陳友諒挾天子以令諸侯，架空徐壽輝的權力，行使至高無上的權力，擁有至高無上的地位。三是勢力大。陳友諒手下水軍超過六位數，陸軍也超過六位數，水軍、陸軍加起來據說超過了七位數，再加上大都是由一些亡命之徒組成，戰鬥力非同一般。總結陳詞：勢力大是擁有「天時」，地盤大是擁有「地利」，威信大是擁有「人和」，所以陳友諒是隻超級無敵大猛狼。

　　朱元璋分析得頭頭是道，然而，劉基卻把頭搖得像撥浪鼓：「元帥只看到了事物的表面，沒有看到內涵。陳友諒看似有三大，實則是三小。」解析如下：一、偽天時。陳友諒軍隊雖多，但軍隊紀律鬆散，士兵惡為，百姓離心離德。軍民不同心，打起仗來便是一群烏合之眾。二、虛地利。陳友諒占據的地盤雖然大，但大都是一些沿海的地方，狹長而難守，一旦突其防線，便會丟之千里。三、假人和。陳友諒是個偽君子，擁有三大特點。一是沽名釣譽，欺世盜名。為博得賢主之名，對投靠他的人來者不拒，致使魚龍混雜，庸才的加入有百害無一利。二是胸無大志、故步自封。陳友諒原本跟從徐壽輝、倪文俊起義，最開始不過是倪文俊手下一個小小的書掾，後來倪文俊專橫獨權，陳友諒乘機投奔徐壽輝滅掉了他，後來又在軍中私營黨羽，徹底架空了徐壽輝。後來陳友諒攻下友興後，便幽禁了徐壽輝。從現在的局勢來看，殺徐壽輝是遲早的

事了。這樣一來，陳友諒的名號就不正了。三是貪戀女色、安於享受。陳友諒一旦得到權勢後，便整天不務國事，醉生夢死。結論：張士誠看上去很弱，但他所在的城池易守難攻，且投靠元朝後，不管真假，都有狐假虎威之勢，具有很強的後勁。而陳友諒看強實弱，所以我們應該先滅陳友諒這隻惡狼，並時時提防張士誠的動向，把他當成一個長期的策略目標和軍事目標更加合適。

「如果我們攻打陳友諒，張士誠相助，我軍腹背受敵，又當如何應對？」朱元璋問。「張士誠的致命缺點是氣量小、心胸狹窄、目光短淺，滿足於小富即安，不足為慮。陳友諒雖然看強實弱，但野心大，人心不足蛇吞象，是心腹大患。我們一旦攻打陳友諒，張士誠多半會袖手旁觀，而我們如果先打張士誠，陳友諒必然會聞風而動。因此，先打陳友諒，既符合先弱後強的原則，又能造成各個擊破的目的，兩全其美，何樂而不為呢？」

朱元璋聽了點了點頭，但心裡仍有疑惑，沉思了半晌，才道：「去年，方國珍遣使劉因帶了五十斤黃金、一百斤白銀來到我這裡，說是要求我和他對張士誠進行合圍，當時我正對張士誠衝突不斷，便答應了他。結果方國珍為表誠心，馬上把他的兒子方關送到我這裡當人質。我收了人家的錢財，怎麼好意思再收人家的寶貝兒子，於是很快就讓方關回去了。這時，方國珍又增加了新的條件，說只要我去平定張士誠，一來出錢和出兵是他的事，二來事成之後，將溫州、臺州、慶元三地獻給我。可直到現在還不見方國珍有任何動靜。」

「方國珍乃是口蜜腹劍的小人，他這一招叫一石二鳥。叫你跟張士誠火拚，他卻坐收漁翁之利。」劉基說著喃喃道地，「先滅陳再除張，平定江南後，再圖江北，天下可定也。這些我都寫下來了，還請元帥明鑑。」

說著從衣袖中取出一個紙卷給朱元璋。

朱元璋驚喜交加，接過紙卷，但見上面寫著：「時務十八策。一、滅陳去張。二、剿滅方國珍。三、軍屯之自養。四、勿過度擾民、過度使用民力。五、嚴肅軍紀，治下有方。六、糧草供應之對策。七、水戰、火戰之配合。八、堅城固守與棄城引敵。九、疑兵計與反間計。十、儒學教化。十一、農田水利之建構。十二、招賢納士之標準。十三、軍中將領俸祿。十四、劫寨與反劫寨。十五、謀士參議制。十六、屬官編制。十七、北伐。十八、定都。」

劉基的「時務十八策」歸納起來分兩步驟：

第一步，力勸朱元璋脫離小明王的節制，自立、自強、自信。理由：韓林兒沒有統一中國的氣魄與能力，早點兒離開他，可以早點兒脫離苦海，早點兒展翅高飛。

第二步，協助朱元璋制定「先西後東」剿滅群雄的正確路線。理由：先滅陳友諒，再滅張士誠，最後北伐中原，帝業可成也。

劉基剖析精闢，構思精妙，層次分明，立意精深，語言精練。對此，朱元璋真誠地讚嘆道：「先生真乃天賜吾之子房也！」

另外，值得一提的是，就在朱元璋三請劉基時，浙東四傑的其他三位宋濂、章溢、葉琛也被朱元璋成功說服加入。就這樣，朱元璋打造了一支天下無敵的超級智囊團隊，運籌帷幄之中，決勝千里之外。也正是這個智囊團，最終協助朱元璋統一了天下。

# 朱元璋 —— 逐鹿天下：

## 元末亂世雄主崛起，定鼎江山創帝業

作　　　者：飄雪樓主

發 行 人：黃振庭

出 版 者：崧燁文化事業有限公司

發 行 者：崧燁文化事業有限公司

E - m a i l：sonbookservice@gmail.
com

粉 絲 頁：https://www.facebook.
com/sonbookss/

網　　　址：https://sonbook.net/

地　　　址：台北市中正區重慶南路一段
61 號 8 樓

8F., No.61, Sec. 1, Chongqing S. Rd.,
Zhongzheng Dist., Taipei City 100, Taiwan

電　　　話：(02)2370-3310

傳　　　真：(02)2388-1990

印　　　刷：京峯數位服務有限公司

律 師 顧 問：廣華律師事務所 張珮琦律師

定　　　價：375 元

發 行 日 期：2024 年 07 月第一版

◎本書以 POD 印製

Design Assets from Freepik.com

國家圖書館出版品預行編目資料

朱元璋——逐鹿天下：元末亂世雄
主崛起，定鼎江山創帝業 / 飄雪樓
主 著 . -- 第一版 . -- 臺北市：崧燁文
化事業有限公司 , 2024.07
面；　公分
POD 版
ISBN 978-626-394-533-3( 平裝 )
1.CST: 明太祖 2.CST: 傳記
626.1　113009910

電子書購買

爽讀 APP

臉書